「働かないおじさん」を活かす

適材適所の法則

ぱる出版

まえがきに代えて

「働かないおじさん」を活かすだけで売上アップは実現できる

「会社の売上は、人事だけで大きく向上させることができる！」

と言うと、首をかしげる人がいます。

もちろん、会社経営には、営業・マーケティング・商品開発・品質管理・法務・コンプライアンスなど多くのことを行う必要があります。

しかし、私はこれらの業務をうまく回すための根幹は、会社の人財を適材適所に配置することだと考えています。適材適所を実現できていないと「働かないおじさん」が増えてしまいます。

つまり「働かないおじさん」は、その本人だけの問題ではなく、実は会社が生み出しているのです。

まず、多くの会社は自社のスタッフの適性を表面だけで理解しているため、人と部署のミスマッチが頻発しています。従業員の本質的な適性を見誤っている場合が多いのです。例えば、経理事務の仕事を10年やっているだけで、会社がその従業員は事務に向いていると判断して一般事務職に配置することがあります。本質的な適性は営業向きかもしれないのに、キャリアの長さだけで一般事務の仕事を任せているのです。

これはあくまで一例ですが、日本中の多くの企業で適性と仕事のミスマッチが起きています。私は、この事実は、国家的損失と言ってもいいと考えます。仕事は毎日のことですし、人財配置によって仕事の生産性も大きく変わるからです。

一企業の一部門の小さな話なのに大げさだと感じるかもしれませんが、積もり積もって最終的には日本のGDPに直結する大きな問題だと捉えています。

現状、多くの企業では、従業員の適性をどのように評価すればよいのかで悩んでいます。会社に評価ツールがないことも多いですし、ツールがあっても信頼性に欠けることもあります。大手企業が提供する評価ツールが、実際には適材適所に結びつく、正しい評価をしていないケースもあります。

私は、今いる人財を適材適所に配置をすることがベストだと考えています。それなら新たにコストもかかりませんし、何より、会社の人的リソースを十分に使わないともったいないからです。やはり、従業員ひとり一人の強みを活かして、得意な分野の能力を発揮できる部署に配置するべきでしょう。

人財配置は、大きなビジネスチャンスの可能性を秘めています。私の約２０００社

10万人と向き合ってきた経験上、従業員も企業もお互いに幸せになるためには、人事がカギを握っているのは間違いありません。

本書では、自らの適性を活かし、売上アップした企業などの多くの事例を紹介しながら、人財配置の極意をお伝えしたいと思います。人財配置の無限の可能性を感じて頂けたら、著者としては非常に嬉しい限りです。

2000社10万人のコンサルから見えてきた適材適所の法則

ご紹介が遅れました。人財活性コンサルタントの豊嶋智明《としまちあき》と申します。主に、企業の人財配置や人事に関するコンサルティングや従業員の能力開発のサポートを行っています。

コンサルティング業としては35年以上続けており、これまで約2000社、10万人以上の方のサポートをさせて頂きました。特に、クライアント企業の経営者から従業員まで、その人の本来の個性を発揮させる方法を、経営戦略・戦術とともに構築してきました。

私の社会人としてのスタートは、アパレル業界大手のO社に入社したことでした。当時は、銀座の有名デパートでメンズ向けのアパレル業務を担当していました。その後、日用品雑貨の商社で貿易関係業務の責任者として、海外とのやり取りを経験しました。

32歳のときに、独立起業し、ノベルティ・ギフトの広告代理店業とコンサル業をスタート、年間10億円の取引を行いました。初めての起業でしたが、ありがたいことに、大手の広告代理店、航空会社、ハウスメーカー、国内のビールメーカーなどの大企業との取引を経験しました。

その後、東京から札幌に移り、約7年間スポーツクラブや日焼けサロンの経営に携わり、現在に至ります。

私は、多くの人と企業に接することで、人事の課題がいかに大切かを痛感してきました。あるクライアント企業では、商品は一流であるのに社内の人財配置を失敗し、営業とマーケティングが効果的に機能せずに売上で伸び悩んでいました。私が依頼を受けて、従業員ひとり一人の適性に合った人財配置のアドバイスをさせて頂き、一気に売上が5倍になったこともあります。

私には人生を通しての持論があります。それは、成功している多くの経営者は「我がまま」だということです。「我がまま」と聞くと、ネガティブにとらえる方もいるかもしれませんが、自分の意見を持っており、ブレない芯があるのです。大半の経営者は「我がまま」であり、自分らしく個性通りに生きています。

それにも関わらず、経営者は何故か社員に「我がまま」を求めないケースが多いのです。その理由は、これまでは社員の「我がまま」を知るモノサシがなかったからです。私がコンサル時に活用するＰＩ分析法では、社員の「適材適所」を知ることができます。そして、個々の「我がまま」なモノサシを持つことで、社員ひとり一人が持つ本質、強み、得意なものを活かし、経営者と同じように個性を発揮できるようになります。

本書で紹介するＰＩ分析を活用すれば、社員が企業で自分らしく生きる術を仕事を通して学べるだけでなく、上司は目的別に部下の適性を活かすことができるため、各部署で効果的な指導育成が可能になります。

このように、私は人財配置には無限の可能性があると考えています。本書で、人財配置の可能性の大きさを感じていただき、実際の人事のヒントを得てもらえたらと思います。

役割が明確になれば「働かないおじさん」が「働くおじさん」に生まれ変わる

多くのクライアント企業を見ながら思い出す言葉は、孫子の兵法に書かれている「己を知り、敵を知れば、百戦危うからず」という名言で「自分を理解し、相手を理解すれば、どんな戦いでも勝つことができる」という意味です。

多くの企業は、同じ業界の競合リサーチは念入りに行い、そこから戦略を立てています。しかし、自社のリサーチ不足であることが多く、自社の本来持っている強みや弱みを客観的に理解していない企業が多いと感じています。私は、その原因は会社が自社で働く従業員の強み・弱みを本当の意味では理解していないことだと考えています。なぜなら、全体は個が集まることで構成されているからです。

そして、企業の従業員という個を知るうえで、非常に有効なのが、私が35年以上のコンサル経験から体系化した「パーソナル・アイデンティティ分析（以下、ＰＩ分析と表記）」です。ＰＩ分析とは、ひとり一人の従業員の個性や生き方を知ることで、適性に合った部署や業務がわかる評価法です。基本的には「ＰＩ個性12分類」（92頁）

「PＩ生き方10分類」（108頁）「PＩ能力10要素」（104頁）での適性評価をベースにしています。従業員の本来の適性を詳細に把握することで、適材適所の人財配置が実現し、会社の戦略・戦術が自ずと見えてくる手法です。

PＩ分析の「PＩ個性12分類」とは、まるで子供のような気質の「敏感（魂）、独自（胎児）、自然（乳児）、実益（幼児）、挑戦（少年）、先端（青年）」の6タイプと、大人のような気質の「完璧（壮年）、悠然（社長）、実績（会長）、夢想（老人）、努力（危篤）、配慮（入墓）」の6タイプに分かれます。個人の性格・気質を、ビジネス戦略・仕事の役割、個人の仕事における得意分野や職務適性、成果を生み出す特徴的な「意思決定」と「行動パターン」などを様々な角度から目的別に分析します。自分を知り、相手や周囲を理解することで「新たな人間関係」を創り出し、得意な分野で意欲的なコミュニケーションが図れるようになります。また、性格の中にはマネジメント特性として、未来に向けて希望的な発想をするタイプと、過去を振り返りリスク的な発想をするタイプに分かれ、現実的なものから仕事を進めるタイプと感覚的にイメージをしながら仕事を進めるタイプなど、仕事における具体的な特長がこのPＩ分析からわかるようになります。

詳細は本書で説明していきますが、企業経営にとって、適材適所は永遠の課題です。

伸びる人財も適所において初めて力が発揮されます。適材適所の人財配置が社員を「働くおじさん」にするのか「働かないおじさん」にしてしまうのかの分かれ目なのです。PI分析から解析される適材適所の法則を用いることで、企業を飛躍的に強くする人事配置の方法、組織が機能する適材適所の見分け方がわかるため、自社の営業（売上）に直結する戦略的な人事配置ができるのです。

PI分析により個人の気質・個性・性格と生き方、潜在的に備わっている能力を知り、部下の適性（適材）を最大限に発揮する部署（適所）に配置することで、攻めの経営を生み出す環境を創り出すことが可能になります。

第2章 人財配置ミスが「働かないおじさん」を生み出している

第3章

なぜ人事異動だけで業績が向上するのか？

第4章　2000社10万人の面談から生まれた！P-I分析法とは？

第5章　社員の「理解」が経営V字回復の決め手だった

第6章　30人中17人のリーダーの配置換えで売上3倍！

第7章　売上がどんどん下がる！やってはいけない配置転換

第8章　世の中に幸せな成長企業を増やしたい！

企画協力：潮凪洋介（HEARTLAND Inc.）
編集協力：町田新吾・柴田恵理

第1章

なぜ「働かないおじさん」が増えてしまうのか？

あなたの周りにも「働かないおじさん」はいませんか？

「働かないおじさん」と聞いて、あなたはどんな人を思い浮かべますか？

社内のＡ部長、Ｂ課長、Ｃ後輩……頭に思い浮かぶのは、１人や２人ではないかもしれません。きっとそれは、こんな人たちではないでしょうか。

- 一見、パソコンで仕事をしているようで、実際には眺めているだけの上司
- 仕事を頼むと、それほど仕事がないのに「なんで俺が？」と忙しいアピールをする同僚
- 午後に電話がかかってくると、営業や打ち合わせを装って、カフェで時間を潰して直帰する上司
- 朝早く来てデスクで新聞を読むだけのおじさん管理職
- 業界誌をよく読んで知識はあるが、全く一般的な知識がない人
- プライベートを詮索したがり、雑談の多い女性社員

●単純なパソコン操作や資料のコピーさえできず、エクセルやワードの入力を毎回部下に押し付ける年配の超アナログ上司

●自分やチームの成果が出せないと言い訳し、会社や上席への批判ばかり言うグチ社員

●言っている事とやっている事が違う、口だけの先輩社員

●腕を組んで考え込んでいるように演技する役職が高いだけの仕事のしない上司

いかがでしょうか？　きっと、あなたの会社にもこのような言動をする「働かないおじさん」が存在していると思います。「うんうん、自分の会社にもいる」と共感して頂けたかもしれません。

ただ、一つ注意点としてお伝えしたいことがあります。「働かないおじさん」とは、あくまで働かない社員の象徴としてわかりやすいので、使用しているということです。つまり、中年の男性だけを指すわけではありません。もちろん、働かない女性社員もいますし、20代から30代の若い世代でも働かない若手社員もいるでしょう。本書では、働かない社員の代表選手としてこの言葉を使用していると思ってください。

つまり**「働いているフリをする」「自分のことは棚にあげ、他人や会社への言い訳が多い」「威厳を保とうと必死」「仕事への意欲が感じられない」**…このような人たちを総称して、本書では「働かないおじさん」と呼びます。

一見すると、本人たちの個人的な問題のように見えますが、実は、個人だけの問題ではありません。しかし、残念なことに、多くの会社では、本人だけの問題ととらえ、諦めて放置している現状があります。本書では「働かないおじさん」が生み出される根本原因を明らかにし、具体的な対策を示していきたいと思います。

「働かないおじさん」の5つの共通点とは？

私は、「働かないおじさん」には、次のような5つの共通点があると考えていますまず、1つ目のキーワードは**「否定」**です。「働かないおじさん」は、事あるごとに会社の方針や新しい事業、部署内、部下を否定する傾向があります。「そんなことを今更やってもムダだ」「会社は何もわかっていない」「やり方が良くない」など、否定的な発言をするのです。新しい取り組み、同僚の意見、会社の方針など、変化を受け入れることができません。

2つ目は**「抵抗」**です。「働かないおじさん」も、新しいスキルを身につけること、新しいシステムを理解する必要があることは、頭ではわかっています。しかし、これまで経験を積んで会社に貢献してきた自分自身のプライドが邪魔するのです。部下から教わったり、一緒に学んだりすることに、感情的に大きな抵抗があります。時代の変化に伴い、会社も変化すべきだということは理解していますが、自分自身を変えることを受け入れることができません。つまり、すべての変化に無意識に身体が抵抗してしまうのです。

3つ目は**「依存」**です。「働かないおじさん」は、否定や抵抗で新しい変化に対応できないと書きましたが、その割には定年退職まで会社に残ろうと必死です。「あと3年で退職金が出るから、何を言われても我慢しよう」と、心の中で思っています。たとえ、ネガティブな発言を言われても、会社にしがみつき、依存するのです。

4つ目は**「見栄とプライド」**です。つまり「これまで会社に貢献してきた」という自負が大きな見栄とプライドになり、新しいことを覚えたくても、今さら周りに質問ができません。その結果、新しい分野を切り開くことが出来なくなり、成長がストップしてしまうのです。

5つ目は**「給料」**です。いくら頑張っても給料が変わらないことが、若かりし頃の「働くお兄さん」のやる気を奪ったのです。逆に、頑張らなくてもある程度の給料がもらえたり、給料の天井が見えると、現状に甘えてしまいます。大企業ともなれば、部長や本部長になれる人も一握りです。その結果「今のポジションをいかに維持するか」にフォーカスし、守りの姿勢に入る傾向があります。

以上、「働かないおじさん」が生まれるメカニズムを、5つキーワードを使って紹介してきました。このような原因が複雑に合わさることで、働くモチベーションが下がり、いつの間にか「働かないおじさん」が〝大量生産〟されてしまうのです。

「働かないおじさん予備軍」の3つの特徴

私は、これまで2000社以上のクライアント企業の相談を受けてきましたが、まだ「働かないおじさん」には到達していないものの、もう少し時間が経つと「働かないおじさん」になる人たちを自分の目で見てきました。

そのような「働かないおじさん予備軍」には、３つの特徴があります。

まず、１つ目は**「ダメ上司をもつ部下」**です。この場合、やがて「働かないおじさん」になる可能性が非常に高く、危険信号だと思ってください。実際、過去にコンサルしたある会社で、上司の意見や方針に納得できずに否定ばかりしている部下のAさんがいました。Aさんは、ダメ上司の間違った評価基準により、正しく能力を評価してもらえませんでした。その結果、２年間もAさんにとって全くやりがいのない仕事を担当することになったのです。しかし、Aさんはダメ上司が会社を辞めた途端、本来の能力を発揮して、出世していきました。現在では、Aさんは経営企画室の役職という、会社の中核を担う人財になっています。

2つ目は「**年功序列の組織**」です。年功序列のデメリットは、優秀な人財が会社を離れやすいことだと言えるでしょう。つまり、大きな成果を出していなくても高い給料をもらっている上司や年配社員を見ると、能力の高い部下はモチベーションが下がります。次第に、自分がいくら努力しても、働かない上司の手柄になってしまう現実に嫌気が指してきます。優秀な部下は、やがて手抜きすることを覚えるのです。そして、「あと数年我慢すれば、上司のように楽なポジションに出世できる」と間違った意欲を持ちます。別の言い方をすると、ポジションに固執する、「しがみつき社員」に退化してしまいます。社内のボードに「直帰」と書いて外出してカフェで仕事をしているフリをしたり、社用車で居眠りをするなど、このような行動が多くなると、イエローカードです。

3つ目は「**終身雇用の会社**」の社員です。同族会社や家族経営では、社長の身内しか出世できない組織もたくさん存在します。つまり、社長の親族にゴマをすり、お伺いを立てる「イエスマン上司」ばかりになる組織です。その結果、部下にとっては、理不尽な指示を受けることも多くなります。また、同族会社では、家庭内の兄弟や親子のケンカが社内で頻発します。そうすると、社員はウンザリしてしまい、仕事の意義がわからなくなり、モチベーションが下がってしまいます。このような組織では、「働かないおじさん」が量産されてしまうのは、無理もありません。

以上、代表的な「働かないおじさん予備軍」の3つの特徴を紹介してきました。あなたの会社で、3つの特徴に当てはまる社員はいませんか？　もし一つでも当てはまるようなら、「働かないおじさん」が増える可能性が高いと考えて、早急に手を打つのが得策でしょう。

強みを活かせない部署だとモチベーションが下がる

「働かないおじさん」が増えてしまう原因の一つは、正しく人事評価がされていないことです。

これまで、私は2000社以上のクライアント企業を見てきましたが、「働かないおじさん」に頭を悩ませている会社では、必ずと言っていいほど正しく人事評価が行われていませんでした。そのような組織では、仕事のスタイルや業務内容に関して、社員の得意や苦手を無視した人事評価を採用していました。その結果、社員の強みと仕事内容のミスマッチが起こり、強みが活かされない仕事をやる羽目になってしまい

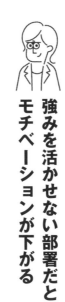

ます。やがて、社員の仕事の意欲を下げることに繋がるのです。

例えば、新しい仕事を任されず、決まったルーチンワークだけをやって、それ以上の業務をやろうとしない社員もいます。そして、目標や目的が明確でないために、どう動いたらいいのかわからずに意欲が下がってしまう社員もいます。さらに、経理や総務人事など、管理系の部署では、数字に反映されていないと感じ、不平不満を感じやすい社員もいます。タイプによって異なりますが、決まりきったワンパターンの作業ばかりで、仕事への興味が徐々に持てなくなる社員もいるのです。

いずれのケースにも共通しているのが、社員の強みを活かせる部署や仕事に配置されていないということです。理想的には、仕事内容が本人の強みにぴったり合っていて、強みや能力を発揮できることが一番です。しかし、現実は、強みを活かすどころか、本人が苦手で合わない仕事をする場合が多いことが問題です。仕事の成果に対する正当な評価がされず、結果を出しても給料にも全く反映されない現状もあります。そうなると、やがて「上司が悪い」「会社が悪い」と否定が始まり、周りのせいにしていきます。仕事の結果に結びつかないと「働くだけ損だ。だったら手を抜いた方が良い」と考えるようになり、徐々に意欲が削がれていくのです。いくら優秀で大きな意欲をもって入社した新入社員でも、その環境に居続けると、悲しいことに「働かない社員」

へと変貌していきます。

このように、社員の強みを活かせる人財配置は、組織の生産性を高めるうえでは非常に大切です。社員ひとり一人が自分の強みを発揮している組織は、活気があるだけでなく、会社の売上や利益でも著しく結果が出る傾向があります。本書では、現場で実際に起こった多くの事例を紹介しながら、具体的な問題解決法をお伝えしていきます。

必死にポジションを守るベテラン社員

「働かないおじさん」を放置することは、大きく会社の信用を下げてしまう可能性があります。見て見ぬふりをすることは、大問題になりかねない場合があります。

ハウスメーカーに勤務する営業マンのAさんの例を紹介します。Aさんは、新プロジェクトの立ち上げメンバーとしてヘッドハンティングされてやってきた、いわゆるホープでした。周りの期待以上の活躍をした結果、始めの2～3年で売上が約4倍になったのです。社内では大きく評価され、このプロジェクトは一つの部署として継続する事業となりました。もちろん、Aさんが部長になり、多くの部下を持つようになったのです。Aさんは、その後も部長職をしながらも、従来通り営業をも続けていたのですが、これまでは明るみに出なかったミスが目立つようになりました。

例えば、成約した物件が、最後の段階になって銀行ローンが通らなくなるなどのトラブルです。これは、ハウスメーカーの営業マンにとっては、初歩的なミスであり、最初に確認しなければいけないことです。他にも、契約の直前でお客様が他のハウスメーカーに乗り換えてしまうような案件が頻発してしまいました。

トラブルの原因としては、Aさんは、お客さんの言ったことを間に受け、楽観的にとらえすぎる傾向がありました。最初は、新しい期間限定のプロジェクトだったので、あまり問題になりませんでした。むしろ、何もないところから新しい事業を作っていくときには、Aさんの楽観的な性格がプラスに働きました。

しかし、新しい事業が成長し、腰を据えた事業になると、楽観主義が悪い影響を引き起こしてしまいました。Aさんはスキルが高いように見えて、実は細かいことが苦手な性格だったのです。その割には、部長職を守りたいが故に、社内のタブーを犯していました。一般的に、ハウスメーカーの契約では、10年程度はアフターフォローで点検をすることになっています。ただし、修理が発生する場合は、修理費は買主が負担する契約になっています。

しかし、Ａさんはお客様に修理が必要な箇所が出てきても、実費を取っていなかったのです。つまり、営業の一環として「サービスにしておきますよ」と言って、自分でＤＩＹをして修理したり、直接工事部に修理をお願いしていました。Ａさんは部長なので、本当は部下に注意喚起するぐらいで留めておくのが丁度いいのですが、次第にＡさんが部下の足を引っ張るようになっていきました。ただ、お客様によく顔を出して関係を構築していたので、周りが気づかず、長期間わからなかったのです。ところが、部下が増えてきたことで、部下がお客様を接客する機会も出てきて、Ａさんのやっていたことが明るみに出ました。

Ａさんは、いつの間にか「条件が合わなかった」「工事部隊が…」「お客さんが…」と、他責するようになっていきました。本来なら、行動を改めて、問題を直視して解決や再発防止に取り組むべきでしょう。悲しいことに、かつて大きな成果を出したＡさんは、自分のポジションを守ることに必死な「働かないおじさん」になってしまったのです。

ノウハウ流出を恐れて部下を育てない上司

自分の仕事を部下に教えない上司も「働かないおじさん」のカテゴリーに入ります。本来なら部下を育てるべき立場であるにも関わらず、何もしなくても、ある程度の給料をもらえるので、それ以上に何かしようとしないのです。

化粧品と健康食品を扱うメーカーの男性部長の例をご紹介します。そのメーカーには、営業マニュアルが存在し、マニュアルに沿って営業する決まりになっていました。このマニュアルどおりに営業すると、それなりに売上が立っていましたが、社長はまだまだ改善の余地があると考えていました。

そこで、さらに営業力を強化するために、他社でトップセールスをしていたＡさんをヘッドハンティングし、Ａさんをセールスレディの育成担当へ抜擢しました。Ａさんは、１人のお客様に対してきめ細やかに対応する、いわゆる〝気が利く人〟で、紹介営業で成果を出してきたトップ営業マンです。

社長は、これまでのＡさんの経験から得たノウハウをマニュアルの改善に活かして欲しいと期待して、社内のセールスレディの育成を任せたのです。ところが、Aさんは、積極的に自身のノウハウを教えて部下を育成したり、マニュアルの改善をしたりするようなことはありませんでした。

Aさんとしては「わざわざ自分自身が苦労して培ってきたノウハウを部下に教えるのはもったいない」と考えたのです。自分のお気に入りのセールスレディにだけノウハウを伝えたため、そのセールスレディは売上を伸ばしました。その結果、社内では営業成績にムラが出るようになりました。やがてAさんは、売上が上がらないセールスレディには、「できない奴」というレッテルを貼るようになってしまいました。

Aさんの仕事は、本来なら部下であるセールスレディを育成することのはずです。しかし、本来の自分の役割はそっちのけで、ノウハウ流出をおそれ、間違った保身に走ってしまいました。こうして、かつてのトップ営業マンが、「働かないおじさん」になってしまったのです。

「あと3年で退職金もらえる」が口癖のアラ還おじさん

もともと、とても優秀だったにも関わらず、「働かないおじさん」になってしまった社員がいます。ある家族経営の１００人規模の建築関係の会社の事例を紹介しましょう。この会社には、生え抜きで昇進してきた50代の優秀な男性社員が３人いました。この３人は入社以来、行政や他の企業にも広い人脈を構築してきました。そして、３人とも対外交渉がとても上手で、社内の営業ルートをコツコツと開拓してきた功労者です。多くの公共事業の契約を取り、実績も上げていたため、３人とも社長から厚く信頼されていました。

この建築会社には、30代の2代目社長となる息子が働いていました。やがて、この2代目が先代社長に事あるごとに反発するようになってきました。家族経営の企業ではよくあることですが、「時代錯誤だ。そのようなやり方は古い」などと、社長や50代の３人がやることを否定してくるようになってきたのです。

2代目は、社内ではそれなりに営業での実績を立てていました。ただ、どの営業先も優秀な50代の３人がこれまで長く深い信頼関係を構築してきたお客様なので、契約できるのは当然です。お客様は、この３人がいるからこそ、契約をしてくれていたのです。若い２代目を丁寧に接待し、先代からのつながりで顔を立てていただけです。

この２代目は、このような事に気づかず、自分の能力が高いから契約が取れたと勘違いしていました。そして、自分の言うことを聞く30代の取り巻き社員を周りに配置し、やりたい放題の振る舞いを続けたのです。

やがて、２代目は、先代社長の信頼の厚い50代の３人が「目の上のたんこぶ」的な存在に感じてきました。あるとき、社内の中核社員である３人を現場から遠ざけて、社内シンクタンクのような部署に追いやるという暴挙に出たのです。

その結果、もともと優秀だった50代の３人のやる気を奪ってしまったのです。３人は、仕事をそれほどしなくても良いポジションになり、人を紹介して会社と相手との繋ぎ役をしたり、業界の集まりに顔を出すだけになりました。契約を取る責任もなければ、何か決定することもありません。

すると、優秀だったはずの３人が、「どうせあと３年で退職だから」と、自分たちの強みを活かすことのない部署に配属されたことで、楽な仕事に甘んじるようになったのです。悲しいことですが、かつて会社の創業時期を支えた中核社員でも、環境によっては「働かないおじさん」に成り下がってしまうという事例です。

「働かないおじさん」も最初から働きたくなかったわけではない

これまで「働かないおじさん」の実例を挙げてきましたが、私は決して「働かないおじさん」を責めているわけではありません。「働かないおじさん」は、もともとはやる気に燃えて謙虚に学ぼうとする「働くおじさん」「働く青年」だったことを知っているからです。

彼らは、会社の年功序列制度の被害者とも言えるかもしれません。成果を出さずに高い給料をもらう「働かない上司」を見て、徐々にやる気を無くしていったのです。本来なら、成果と給与は連動しています。年功序列の評価制度だと、成果と給与が連動しないため、自分が会社から適正に評価されないと感じてしまいます。

このように、きちんと社員の強みや個性を見極めた評価をしないことが、「働かないおじさん」を生み出すことになります。それを防ぐためには、個人の強みを活かした評価制度や仕組みを作ることが大事です。個人の能力や強みがわかることで、社員が何を大事にし、どういったことでやりがいを感じるのか、価値観がわかり、会社が社員のやる気スイッチを押す方法がわかるのです。残念ながら、多くの企業はやる気スイッチの押し方がわかっていないのが現状です。

強みや個性がわかると社員の「やる気スイッチの押し方」がわかるようになります。そして、社員自身も自立して仕事をするため、成果を出しやすくなります。あとは、社内に成果に連動した評価制度を設けておけばいいのです。

例えば、個性は資本主義の3原則でもある「人・金・物」に当てはまるヒトタイプ、カネタイプ、モノタイプの3つのタイプに分けられます。それぞれのタイプによって、何を大切にするかという価値観が異なります。

簡単にこの3タイプの違いを説明しましょう。

まず、ヒトタイプは、人間関係を大切にするタイプです。本質的なことを追求するタイプで、人から信頼されることで、やる気スイッチが入ります。

カネタイプは、競争の中で力を発揮するタイプです。効率や生産性を大事にして、結果に対する正当な報酬で、やる気スイッチが入ります。

モノタイプは、可能性を追求するタイプです。個人も会社も社会的に認められることで、やる気スイッチが入ります。詳しくは、第2章以降で説明していきますが、これらのことを知り、適材適所の人財配置をすることで、「働かないおじさん」の今にも消えそうになっている「やる気の炎」をまた再燃させることが可能なのです。

このように、強みを活かした働き方をすることで、社員は自然と否定が減り、新しい変化にも真摯に向き合おうとします。若い部下に対しても謙虚に向き合い、共に成長しようとする向上心が湧いてきます。

これまで私は「働かないおじさん」から脱却した人を数多く見てきました。実は、本人の責任だと放置していた「働かないおじさん」は、会社が生み出していたと気づいたのです。あらゆる事業投資をする前に、「働かないおじさん」を蘇らせることが、企業の最大のコストカットであり、一番大きなリターンのある投資と言えるでしょう。日本中の多くの企業の対応のように、このまま「働かないおじさん」を放置しておくのは宝の持ち腐れなのです。

第2章

人財配置ミスが「働かないおじさん」を生み出している

業績不振は人財配置ミスが原因だった！

人財配置を失敗すると、会社も従業員にとっても良いことが一つもありません。何故なら、従業員のモチベーションが低下し、生産性も悪化して企業の業績も上がらないからです。

配置ミスによって起きた悲劇を、東京のあるハウスメーカーの事例で説明します。そのハウスメーカーには、住宅を販売するのが得意である年間売上トップの営業マンのAさんという方がいました。会社はAさんの業績を認めて営業部長に昇格させましたが、Aさんが営業部長に就任してから2年間で、半分近くの営業マンが退職してしまったのです。

そのタイミングで、私はハウスメーカーの代表から依頼され、コンサルに入ることになりました。先述したPI分析を用いて、営業部長のAさんと営業部で辞めていった人を含む部下のメンバー全員の個性を分析しました。営業マンが辞めた理由をひとつ一つ分析し、詳細に検証したのです。

その結果、一番の大きな原因がはっきりしました。それは、営業部長のＡさんは、後輩の指導をする適性があまりない「突撃隊長的役割」のプレイヤータイプ（ＰＹ）だったことです。このタイプは、営業マンとしては向いており、新規のお客さんに飛び込み営業できる強いメンタルがあります。そして、持ち前のコミュニケーション能力でお客さんに可愛がられながら、成約して売上を上げるのが得意なタイプです。

一方、辞めていった部下の性格タイプを調べていくと、全体像を見て準備や分析を入念に行う「指揮官的役割」のプロデューサータイプ（ＰＤ）が多かったのです。つまり、Ａさんは「準備に時間をかけるより、まずはお客さんの会社に飛び込んで営業しろ！」と言って指導したため、部下の営業マンは思ったような準備ができず、売上につながらなかったのが原因でした。部下たちは、自分の個性タイプに合わない方法を強要され、苦痛を感じて退職という最悪の結果を導いたのです。

また、名古屋のフォトスタジオの事例を紹介します。このクライアントは、企業に対する画像の営業（会社案内、パンフレット等）とネット上の画像ライブラリーの販売がメインの会社でした。社長は能力主義の「前線部隊長的役割」のプレイングマネージャータイプ（ＰＭ）であったため、企画制作部、広告宣伝部、営業部の各部長に結果を優先する「カネタイプ」を配置していました。特に企業に対する営業とネットで反応が良いものを中心に企画制作をさせていましたが、ＰＩ分析の結果、その部署には理解や行動に時間がかかる個性の部下が多くいたので、なかなか売上が伸びませんでした。

ＰＩ分析の解析結果から、この部下達は飲み込むと安定感抜群の「非現場タイプ」の集団であることが解ったのです。そこで、企画制作部の部長を総務部の部長と配置転換しました。総務部の部長は、応用の利く知識を現実的なシミュレーションを混ぜながら伝えることが出来る「指揮官的役割」のプロデューサータイプ（ＰＤ）だったので、企画制作部に配属されてから、部下たちに一つの仕事に関連する業務の全体像を理解してもらいました。その結果、現場に対して企画制作の的確な指示を出せるようになり、制作スピードが劇的に向上しました。そして3カ月で売り上げが倍増し、その後主力商品をいくつも作り出す集団に変身して、以前では想像できないくらい活気のある部署となったのです。

このように、人財配置をミスすると業績が出ないだけでなく、従業員が退職することもあります。これは企業にとっては大きな損失であり、会社も従業員も不幸になりかねません。人財配置は諸刃の剣であり、慎重に決めるべきでしょう。会社の方針で、社員を「働かないおじさん」にすることも、「エース社員」にすることも可能です。

人財配置を変えるだけで、従業員のモチベーションも上がるため、生産性も向上して結果的に業績に反映されるのです。

部下の適性を主観で判断していませんか？

私はこれまで多くの企業をコンサルしてきましたが、「部下の適性を上司の主観で判断してしまう』という問題はよく起こります。つまり、多くの上司が、自分自身の実績や成功体験と部下の経歴や職歴から、部下の配属を決めてしまうのです。社内の人事評価ツールがあったとしても、最終的には上司の経験に基づく主観から決定されているのが現状と言えます。部下が持つ本来の適性に合った人財配置にしないと、人と仕事にミスマッチが起き、社員が「働かないおじさん」になってしまいます。最終的には「モチベーションが下がった優秀な部下（人財）が退職する」という最悪の結果を招いてしまいます。

ではなぜ、主観で判断するとミスマッチが起きるのでしょうか？　私は、働くことには「人間の根源となるものが隠れている」と考えています。これは、突き詰めると

上司も部下も、基本的に次の3つのタイプに分類することができるからです。

①　楽しみながら仕事をしたいタイプ：
このタイプは、人と人の繋がりに重点を置き、気持ちで仕事をします。

②　結果を数字や形に置き換えるタイプ：
このタイプは、自分が目標とする事柄に対し、結果を具体的な形にします。

③　立場や存在にウエイトを置くタイプ：
このタイプは、礼儀礼節を重んじ、周りから認められる為に頑張ります。

ＰＩ分析から見るこの価値観の本質的な違いが、

人を判断する主観に大きく影響していることがわかり、これらの主観が働く3つのタイプを見誤り、上司が部下の適性に合わない部署に配置すると、社員が元々持っている真の欲求が満たされません。その結果、本人の仕事に対する意欲とモチベーションが続かず、結果的に働かない部下になることが多くみられます。

この価値観の違いから、社員の評価を失敗して優秀な人財が退職した、ある食品会社のエピソードをご紹介します。

食品会社を経営するA社長は、人と人の繋がりを大切にする①の楽しみながら仕事をしたいタイプでした。人に対する想いが強く、仕事の進め方や商品の品質にこだわる社長自身の気持ちを伝えたいので、話し出すと話が長い傾向があります。

一方、部下のBさんは、世の中から認められることを大切にし、時間にこだわる③のタイプでした。そのため、話も感性に響くようなポイントで聞き、世間に対する認知度で勝負したいと考えているような人でした。

A社長は、Bさんの仕事ぶりを低く評価していました。Bさんに対して、「いつも早とちりする」「人の話を聞いてない」「コツコツ行動しない」「一発を狙っている」「ヒット商品はたまたま運が良かっただけ」と考えていたのです。

それに対して、Bさんは、A社長に対して「話が長い」「大事なところをポイントで伝えてほしい」「誰からも認められる可能性を追求したい」と考えていました。

月日が経つにつれて、２人の認識は大きくすれ違い、Ｂさんの仕事へのモチベーションも下がっていきました。しばらくして、Ｂさんは外資系企業にヘッドハンティングされて、会社を退職しました。その後、転職先の外資系企業でＢさんは、拡大して大きく展開する能力の高さを高く評価され、ニューヨークへ栄転するほどの大活躍をしているそうです。

このように、上司の主観で評価すると、社員の適性を活かせないだけでなく、最終的には優秀な人財を失うことになります。後の祭りですが、今回のケースでは、Ａ社長と部下のＢさんの間に社長の意図を伝える通訳的な人財を配置したら、Ｂさんは食品会社でも自分の能力を発揮していたでしょう。

上司を信頼していない部下が６割

職場における上司の悪気のない言動が、部下を傷つけることもあります。そして、次第に部下のやる気が低下し、上司を信頼できなくなってしまうのです。私の長年のコンサル経験から見えている感覚では、上司を信頼していない部下が６割以上いる企業が大変多いです。

それでは、部下を傷つける上司の言動とは、具体的にどのようなものでしょうか？

例えば、以下のような言動が当てはまります。

・返事をしておきながら「聞いてない」と言う
・言ってないことを「言った」と思い込んで意地を張る
・言葉にトゲがある
・自分からは挨拶しないのに、礼儀にうるさい
・上役には丁寧に接するが、部下は雑に対応
・会社への不平不満が多い

上司本人は、気づかない場合が多いのですが、部下からすると「この上司の下で働きたくない」と感じてしまうのです。

挙げればきりがないのですが、次のような言動も部下の信頼を失ってしまいます。

・いきなり始まった会議が延々と続く
・理解していないのに、いきなり現場に行くように指示する
・自分の物差しで、他人の意見を否定する
・部下の失敗には厳しく指摘するが、自分の失敗には甘い
・感情的に物にあたる

上司としては無意識に行った言動でも、部下は覚えています。知らず知らずのうちに、上司の評価が下がっているのです。

さらに、次のような上司がいる組織は、悲惨な末路を辿ることになります。

末路1：上司が部下の能力を疑う職場

上司が部下の能力を疑うと、部下が上司の失敗を望むようになる傾向があります。多くの場合、このような上司は、自らの保身のために責任も取りません。部下の面倒も見ないため、多くの部下を敵に回し、やがて孤立します。その結果、部下に仕事を振れなくなり、自分一人で仕事を抱えて行き詰まります。最終的には、上司の無能さの内部告発が始まり、部署の崩壊がスタートします。

末路２：体育会系のトップダウン型の上司

このような上司の下では、イエスマンの部下しか育ちません。反対意見を言った部下は、上司の評価が下がってしまうからです。その結果、多くの部下が会社を辞め、上司の責任問題に発展するケースが頻繁に起こります。

末路３：上司が部下や同僚の前で、他の部下や会社に批判的な愚痴をこぼす

このような行為は、部下の士気を下げることになります。やがて、部下は自分の上司こそ会社に必要ない人財だと思うようになります。その後、多くの部下が思った通り、上司は本当の窓際に追いやられる場合が多いのです。

末路４：人の好き嫌いが激しい上司

このような上司は、自分のことを慕ってくれる部下と自分が気に入った部下だけに心を開きます。その結果、偏った情報しか入らず、部下との摩擦が頻繁に起こるようになります。最終的には、上司が会社から責任を取るように迫られるのです。

上司の悪気のない多くの言動が、働かない部下を作るのです。このような環境では、

部下は次第にやる気がなくなり、言われたことだけをやるようになります。部下のモチベーションを下げたのは、このような上司の言動です。会社の生産性を大きく下げているため、一見働いているようですが、上司こそ、「働かないおじさん」でしょう。その結果、社内に作業員的な「人材」が増えていき、会社の宝となる「人財」は育たなくなります。人財配置を失敗すると、長期的には会社に大きな損失をもたらすのです。

「目標認識」の〝ズレ〟は「配置ミス」が原因だった⁉

社内メンバーの目標認識のすれ違いから、存続の危機に陥った会社もあります。社長が優秀な若手人財を、花形の部署に抜擢したことで起きた悲劇を紹介したいと思います。

これは、地域密着型のブライダル企業で起こった話です。この企業は50代の女性社長が経営していました。事業内容は、結婚式場やホテルでのウエディングプランなどのパッケージを企画販売しており、お客様の紹介を中心に業績は順調でした。社長と役員たちの素晴らしい人柄がお客様に伝わり、次々と紹介を生んでいたのです。お客様と家族のような関係を築き上げていて、多くの方のクチコミで地域に広がっていきました。

ある時、社長はさらなる事業拡大を計画し、人財配置を変えることにし、20代後半の優秀な女性Aさんを営業部の管理職に抜擢したのです。Aさんは若いにも関わらず、社長の期待に応えて営業で結果を出していたからです。女性社長と役員たちは、Aさん率いる若い女性メンバーで構成した営業部を新設しました。これを機に、思い切って若いチームに営業を任せ、自分たちは営業から退いてブライダルプランナーの育成に力を入れたのです。

実は、この人財配置が後々の悲劇を生むことになるのですが、この時は誰も予想していませんでした。Aさんの営業部は、年間売上の目標を達成するため、新しい事業アイデアを考えました。自分たちと同年代の20代の若いカップルをターゲットに、少人数のガーデンパーティや海外挙式の新商品を開発。さらに低価格帯のブライダルパッケージを企画販売し、契約件数を増やすことに注力しました。

後に発覚したのですが、実はAさんの営業部はメンバーのほとんどが「価格（損か得か）」を大事にするカネタイプでした。そのため、結果や数字を重視して件数を増やし、売上をアップする戦略を立てたのです。

一方、女性社長と役員たちは、ＰＩ分析の結果、「人間関係」を大事にするヒトタイプだと判明しました。このヒトタイプのキーワードは「信用と信頼」で、ホスピタリティを持って丁寧に仕事をする傾向にあります。同年代である新郎新婦の親世代の信頼も厚く、お客さんと家族のような関係を築いていました。その結果、高単価でもあるホテルの結婚式などをクチコミ紹介で受注できていたのです。

残念ながら、今回の人財配置でこの良い流れがストップしてしまいました。優秀な若いチームは新規営業を積極的にしかけましたが、営業努力に反比例して売上が減少しました。最終的には売上が従来の3分の1になり、クチコミ紹介の件数が激減したのです。社長と役員たちは、なぜこのような結果が起きたのかを理解できませんでした。そんなときに女性社長から相談をうけ、早速、社員全員のＰＩ分析を行った結果、すぐに失敗の原因がわかりました。

実は、今回の人財配置は、典型的な失敗パターンの一つです。つまり、「人間関係」を大事にするヒトタイプの社長は、優秀な部下を信用する傾向にあります。一方、「価格（損か得か）」を大事にするカネタイプの部下は、結果を求めることを優先するためホスピタリティに欠けています。新設した営業チームのほとんどのメンバーはカネタイプだったため、サービスの低下を招き、お客様の評判が落ちてしまったのです。

なぜ、社長はそこまで放置していたのか？と疑問に思うかもしれません。それは、「人間関係」を大事にするヒトタイプの社長は、時間をかけて部下を育成するという特徴があり、判断が遅くなる傾向があるからです。社長が部下の成長を信じ過ぎた結果、売上が3分の1になるまで具体的な対策を打たなかったのです。

今回の悲劇は、誰かに原因があるわけではありません。社長が優秀な部下を信頼して仕事を任せたことは、若手にチャンスを提供する素晴らしいことだと思います。しかし、唯一の問題は、社長と役員が社内人財の個性のタイプを知らずに、人財を配置したことでした。人財配置だけでこのような悲劇も起こり得るのです。後日談ですが、このブライダル企業は、「人間関係」を大事にするヒトタイプの役員をAさんの上司に配置することで、すぐに売上を回復することができました。

「感情事故」が起きる職場の3つの特徴

「感情事故」が起きてしまう職場では、上司と部下の人財配置のミスマッチが起こっています。特に、上司の「話し方」と部下の「聞き方」で大きなすれ違いを生み、このすれ違いが職場のモチベーション低下を招くのです。

そして、「感情事故」が起こりやすい上司と部下の組み合わせには、次の3つのパターンがあります。

パターン1　話の長い上司×聞きたくない部下
パターン2　結果を求める上司×やる気がなくなる部下
パターン3　職人気質の上司×ついていけない部下

それぞれのパターンを詳しく見ていきましょう。

まず、1つ目のパターンは、上司の話があまりにも長く、部下の時間を無視して延々と説教が続くような場合です。上司は、話は長いにも関わらず、結論は最後まで聞かないとわかりません。部下としては、「また始まった…」と思って、話を聞いているふりをします。そのため、次第に意思の疎通が取れなくなり、大事な情報を共有できず、後々問題が起こるのです。

2つ目は、上司が行動的で数字などの結果を求める「価格（損か得か）」を大事にするカネタイプであり、部下は「人間関係」を大事にするヒトタイプの場合です。上司は、自分の成功した体験談を話すだけで、マニュアルなども用意せず、ただ結果を求めてきます。一方のヒトタイプの部下はやり方がわからないので、結果を出すことができません。その結果、上司は部下に対して「能力のないやつだ」と思います。それに対して、部下は「自分の能力が発揮できない」と感じるため、やる気がなくなってしまいます。

3つ目は、上司がせっかちな職人タイプで、部下が「人間関係」を大事にするヒトタイプの場合です。上司は「とにかくやってこい」と言いますが、部下としては「人として扱われていない。とてもついていけない」と感じます。その結果、部下のやる気がなくなり、働かない部下が増えてしまうのです。

このような3つのパターンを知るだけで、「感情事故」の原因が明確にわかります。読者のみなさんの職場にも当てはまるパターンがあったのではないでしょうか？　多くの職場では、原因がはっきりとわからず、対応に悩んでいます。このように、原因がわかれば適正な人財配置に変えることができるため、再発防止は可能になり、個性に合わせた適切な育成・指導ができるようになります。

「優秀な外部人財」が社内に別組織を作ってしまう

優秀な人財を外部からヘッドハンティングする場合には、注意が必要です。なぜなら、優秀な人財は、社内で別組織を作り、最終的に独立する可能性があるからです。

次に紹介するエピソードも、社長と部下の人財配置が原因で起こった悲劇と言えるでしょう。

あるゲームソフト開発企業で、優秀なゲームクリエイターのBさんを他の会社から引き抜きました。ちなみに、ゲーム業界では、優秀なクリエイターのヘッドハンティングは日常茶飯事であり、特に珍しいことではありません。

入社したBさんは新しいゲームソフトの開発チームを任され、次々と大ヒットのゲームを世に出しました。それに伴い、当然、社長の評価もどんどん上がっていきました。やがて、Bさんのチームは社長直轄になり、治外法権的に好きなことをやりたい放題できる部署に変化したのです。実は、この最強の別組織がBさんの独立のきっかけを作ってしまいました。

このようなパターンは、社長が「人間関係」を大事にするヒトタイプで、部下が「拡大展開」を大事にするモノタイプの場合に起こりがちです。どうしてこの現象が起きたのかをプロセスを追って、解説していきましょう。

まず、別の会社から入社したBさんは、最初は社長の言われる通りに従順に仕事をこなしていきました。少しずつ仕事に慣れてくると、外部の人間の視点から社内の弱点が良く見えてきます。そこで、改善提案を行い、採用されて結果も出たため、社長からの信頼も厚くなったのです。同時に、新しいゲームを次々と大ヒットさせたため、Bさんの評価は急上昇し、社長から役員にならないかと声をかけられるまでになりました。

しかし、Bさんは役員の誘いを断り「部長のままが良いです」と答えました。なぜなら、Bさんにはすでに自分が独立してグローバルな会社にするというビジョンがあったため、あえて経営側に入りたくなかったのです。

その後もBさんは開発部の部長として、チームで新しいゲーム開発を行っていきました。ゲームの品質向上のために、従来の外注先は新しい技術を持った外注先に入れ替わっていきました。やがて、社長も役員もBさんがどの外注先にどのような仕事を依頼しているのか、といった詳細な情報がわからない状態になっていたのです。

実は、Bさんは、虎視眈々と独立の機会をうかがっており、経営陣が詳細を把握できなくなった今が独立できるタイミングだと考えました。そして、海外の外注先から今まで社内ではやったことのないe-スポーツの大型案件の依頼が来たのです。この大型案件は、世界的な飲料メーカーもスポンサーになっており、数億円以上の売上が見込める可能性がありました。そこで、Bさんは「継続的に売上が見込め、5年で上場できる」と考えて、このタイミングで思い切って独立したのです。会社の損失は、数億円どころではないでしょう。

この失敗は、ヒトタイプの社長がモノタイプのBさんを信頼しすぎたために起こったことでした。私は、モノタイプは「大物タイプ」と呼んでいます。このタイプは文字通り大物になろうと努力するため、社内から独立するケースが多くあります。これを防ぐには、Bさんの動きをきちんと把握できる人財配置にすべきだったのです。

「期待して指導」した結果、〝パワハラ〟になる理由

上司や経営者が部下に期待して指導したことが、裏目に出ることもあります。上司が伝えたい意図が伝わらず、逆に部下の働くモチベーションを下げてしまう場合もあるのです。

例えば、上司が部下を励まそうと飲み会に誘ったにも関わらず、途中から説教が始まり、部下がやる気をなくすということは日本中で起こっています。

全国チェーンを展開するある企業で起こった事例を紹介したいと思います。事の発端は、あるエリアの売上が落ちていたことでした。本社の営業本部長は、統括エリア部長を本社に呼び出し、「売上が落ちている原因を究明して欲しい」と伝えました。しかし、統括エリア部長は本社の本部長から言われたため、「何とかしないと自分の立場が危うい…」と大きなプレッシャーを感じたのです。そこで、統括エリア部長は担当エリアの部長を呼び出しました。統括エリア部長は、激励のつもりで「何をやってるんだ！原因はお前にある！」と怒鳴ってしまったのです。

これを受けて担当エリアの部長は、「自分はダメなんだ…」とショックを受け、このままではいけないと焦りました。追い込まれた担当エリアの部長は、エリア内で売上が落ちていたいくつかの店舗の店長と副店長を入れ替えるという人財配置を行ったのです。

その結果、入れ替えを行った店舗の店長と副店長の人間関係が悪くなり、店舗の雰囲気が一気に悪化しました。そして、売上がどんどん減少し、閉店に追い込まれた店舗が出てきました。本部長のひと言から始まり、ピラミッド組織の中で伝達が誤解を読んだために起こった悲劇でした。

また、小さな会社のワンマン社長が会社をつぶしたケースもあります。あるリフォーム会社の社長は、幹部の管理職全員に外部研修を受けさせることが好きでした。確かに、研修で一定の効果は出るのですが、何度か研修が続くうちに管理職たちは、「また研修か」と思うようになっていました。

ある時、社長は管理職だけでなく、一般社員にも外部研修を受けさせることにしました。しかし、社長の狙いは裏目に出てしまったのです。なんと、研修から帰ってきた2人の社員が心を壊し、退職する事態を招いてしまいました。

このように、上司が部下のためにと思ってやったことが、最悪の事態を招いてしまうこともあります。つまり、上司と部下の心のすれ違いが、働かない部下や「働きたくても働けないおじさん」を生み出す環境を作るのです。激励の言葉や考え方の押しつけは組織を壊すリスクを秘めています。特にトップの言葉ほど、部下には重くのしかかるため、注意が必要。

実は、この上司と部下のすれ違いも、それぞれの個性に合わせた人財配置で未然に防ぐことができます。そもそも上司と部下の「仕事の基本的な相性」というものが存在するからです。これについては、次章以降で詳しく説明していきたいと思います。

第３章

なぜ人事異動だけで業績が向上するのか？

社員個人の「強み×好き」を知っていますか？

多くの企業は人財育成には力を入れますが、残念ながら人財配置は二の次になる傾向があります。なぜなら、ほとんどの企業は社員ひとり一人の本当の適性や強みがわかっていないからです。適性テストや履歴書を参考に独自に配属を決めていますが、上手くいっているケースは稀です。そして、社員の好きなことや強みを考慮しない人財配置が多いことが問題です。能力が高いにも関わらず、強みを生かせなかった結果、モチベーションが下がり、「働かないおじさん」になってしまうのです。最悪のケースでは退職してしまうこともあります。

ある経営コンサルティング会社でのエピソードを紹介しましょう。公認会計士専門のコンサル部に所属している20代後半のAさんは、毎日のルーチンワークでモチベーションが低下していました。

同時期に経営コンサルティング会社の社長から、私に相談がありました。ＰＩ分析と研修を行った結果、Ａさんにはクリエイティブな素質があるとわかったので、社長に「Aさんは企画・開発的な才能を活かせる部署に向いている」と伝えました。

私が行ったチームビルド研修でのグループワークでは、各チームに上司と部下数人を配置しました。このワークでは、お互いに好きな趣味などの話をして、あだ名を付け合います。そこで、Aさんのあだ名は「クリエイティブ・アスリーター」でした。クリエイティブな人は起業家タイプであり、アスリーターは身体作りが好きなことに由来しています。Aさんは楽しいことが好きで、仲間づくりが得意であることがわかったのです。さらに、外部にプロジェクトチームを作れる素質があるとPI分析から判明しました。

そして、Aさんは強みを活かせる、得意先のベンチャー企業を担当する部署に異動することになったのです。異動したAさんはベンチャー企業向けのセミナースタッフとして頭角を表すようになりました。その結果、Aさんの活躍で、会社全体のクライアントが3年で100社から250社に増えました。Aさんは、ベンチャー企業の新規案件をどんどん獲得して会社に大きく貢献しました。

このように、強みと好きを活かすと劇的に成果が出ることもあります。多くの会社が社員の「強みと好き」を考慮しないのは、とても残念だと思っています。「強みと好き」には無限の可能性を秘めているのです。

人材を「人罪」にする配置、「人財」にする配置

組織の人財を活かすためには、各部署にどのような上司を配置するかはとても重要です。なぜなら、上司によってチームの生産性やモチベーションが大きく変わるからです。私は、「人材」には会社の宝物である「人財」と周りに悪影響を与える「人罪」がいると考えています。

関東で調剤薬局を数店舗運営する、ある企業の事例で説明しましょう。

調剤薬局は、医師から処方された薬を患者様に販売するのが主な業務です。それに加えて、来店した患者様の心に寄り添うことが大切です。調剤薬局の特性上、病院に通う患者様が多く、ちょっとしたことでも即クレームにつながってしまうからです。

〝人財上司〟の薬局長のいるA店では、スタッフの薬剤師さんたちが生き生きと働いており、売上も好調でした。スタッフも患者様の心に寄り添う接客を行うため、地元の人から愛されて、クチコミで売上も右肩上がりで増えていきました。A店の薬局長は、スタッフから上がってきた意見も大切にして、前向きに改善しています。ほかにも、開店前の毎朝のミーティングでは、患者様からのクレームや意見の報告会を行い、月曜日に上がってきたクレームも週末には解決しています。店舗マネジメントとしては、非常にうまくいっています。

それに対して、B店の薬局長は、まさに〝人罪上司〟と言える人でした。もちろん、薬局長に悪気があるわけではありませんが、「薬局は患者様が医師から指定された薬を早く正確に処方するだけの場所」と考えていました。そのため、薬剤師のスタッフが患者様からのクレームを報告しても、薬局長は「こっちが悪いわけじゃない。求められた薬剤を処方しているんだから、文句は気にするな」の一点張りです。スタッフの改善提案も薬局長に採用されることはなく、店舗のあらゆる改善点は放置されている状態でした。その結果、スタッフが患者様にホスピタリティのある接客もできず、モチベーションが下がる一方でした。そのような調子であるため、「あそこの薬局は、スタッフの対応が悪い」という噂が広まり、客足が遠のいてしまいました。私はB店の〝人罪薬局長〟に、ホスピタリティのある副薬局長を「ハイブリッド配置」することを提案し、業務効率化と接客のバランスを整えることでこの問題を解決しました。

もう一つ、関西の老舗で宝飾・眼鏡・時計の専門総合商社の事例を紹介しましょう。このクライアントは、実力のある専務が2代目社長に代替わりした後も長年番頭のように働いて大きくなった企業でした。この専務は人物評価が厳しい人でしたが、とても人間味のある指導で多くの優秀な部長（人財）が育ちました。しかし、部長達の中には自分の優先順位でころころと目的を変えてしまう「フォワードタイプ」（ＦＷ）の部長や、対人の好き嫌いが激しく自分に対して好意的もしくは自分の気に入った部下にだけ心を許す「鋭敏率直的生き方」の部長もいました。このような部長の下では、徐々に課長以下の役職者の離職率が高くなり、さらにその反発で社員に当たる課長クラスの役職者（人罪）ができてしまい、「働かないおじさん」を生んでしまいました。社内が殺伐とした空気になって業績を何年も落とすことになっていたのです。

私は、人は良い意味でも悪い意味でも個性や特徴があると考えています。本人たちには、悪気はないのですがそれぞれの個性の組み合わせで良くない結果を招くことがあります。悪気があって結果が出ないのならば、悪気を正せば解決するので、ある意味ラクでしょう。悪気がない分、解決が難しいと言えるのです。私は、この唯一の解決策が人財配置だと考えています。組織として機能し、得たい結果を得るためには、お互いの個性を補い合う人財配置をする必要があります。個性が違う人同士で否定し戦うのではなく、お互いの強みを活かし、弱みを補い合いながら、組織として１００％を目指せば良いと考えています。

「行動特性学」でわかる〝ハイパフォーマンス〟の法則

行動特性学を活かして組織の人財配置を行うと、大きく結果を出すことが可能です。

行動特性学とは、「人の行動には法則性がある」と考えて、個人が持つ行動原理とその背景にある考え方をベースにした学問です。

ビジネスにおける行動特性学では、人財を大きく3タイプの人に分けています。

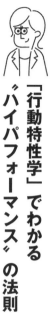

タイプ1　仲間と一緒に協力する人
タイプ2　一人で成果を出す人
タイプ3　昇進のために努力する人

タイプ1の仲間と一緒に協力する人は、市場調査に向いています。タイプ2の一人で成果を出せる人は、企画を立てて他と競争することが好きな傾向があります。タイプ3の昇進するために努力する人は、広告・宣伝に向いています。なぜなら、普段か

ら自分が認められる方法を考えているため、世の中から認められたり、ブランド力を高めることが得意だからです。

このように相手を理解することで、それぞれの個性に対して、具体的な方法で教育することができます。しかし、多くの企業で社員の本当の個性を把握していないのが現状です。

ある化粧品会社では、マネージャークラスにＰＩ分析の勉強会を開催しました。勉強会の後、マネージャーたちの適性を考え、それぞれの部署を入れ替えることにしました。マネージャーたちは、先ほど紹介した3つのタイプがあることを知り、部下の個性と自分の個性の相性に上手くいかない原因があることに気づいたのです。

その後は、部下に対する話し方や仕事の振り方を一変させ、部下のタイプ別に指導方法を変えることにしました。すると、上司と部下がお互いのタイプを知ることで相互理解ができ、社内のコミュニケーションが円滑に進むように変化しました。部署内で、「○○さんはヒトタイプだね」と言ったような共通言語が生まれ、雑談も交わせるようになり、雰囲気が良くなりました。

その結果、社内のコミュニケーションが円滑になり、チームメンバーが気兼ねなく発言できるようになります。何気ない雑談や、ふとした思いつきも共有され、問題が起こるメカニズムがわかるため、問題解決の糸口になる可能性があります。その成果がクレーム処理に大きく影響して、お客様のタイプ別に起きる問題点を共有することで、お客様と同じタイプのスタッフから問題が起こった原因がわかります。どのような対応・対処をするとお客様の望む結果が得られるのかを理解できるようになり、クレームが激減しました。

この法則を理解し、人の性格や適性を把握することで、社内が活性化して成果を出せる集団に変貌していきました。また、課題や問題についても率直に指摘しやすくなり、問題の早期発見、早期解決が出来るようになり、商品開発の精度が上がり、業績を2倍以上にすることが出来たのです。

このように、行動特性学を応用して、適材適所の人財配置を行うだけで、組織は高いパフォーマンスを出すことが可能です。人財配置のメリットは、人と人を入れ替えることで対応できるため、多額の経費がかからないことです。その結果、大幅に業績がアップすることがあるため、コストパフォーマンスの高い施策と言えるのではないでしょうか？

企業が求める「知識・技術・スキル」は二の次

私は、組織においては個々のスキルよりも人間関係が一番大切だと考えます。なぜなら、上司と部下の仕事に対する満足度が成果に大きく影響を与えるからです。そして、部下に自分の性格を認識してもらうと、目的意識を持って働けるようになります。さらに、「上司が自分の性格を理解した上で指導してくれている」と感じると、社員のモチベーションがアップします。

あるＩＴ系の人材派遣を行っていた大手企業のグループ会社で実際にあった話です。以前から私のコンサルを受けていたＡさんが、子会社から親会社のＩＴ人材派遣会社の部長に昇進しました。ちなみにＡさんは、ＰＩ分析で言うと「未来型（希望）」

で、先頭を切って動く人です。「やってみなければわからない」が口癖のタイプでした。

当時のＡさんの課題は、派遣する人財と派遣先企業のミスマッチが起こることでした。それが「働かないおじさん」を生んでいました。例えば、ＰＩ分析で言う「過去型（リスク）」の慎重さが求められる企業に対して、「未来型（希望）」の人財を派遣してクレームが発生することなどが多くありました。つまり、慎重な作業が必要な現場に、思いきりの良い「未来型（希望）」の人財を派遣してしまったのです。スキル的には問題ない人財でも、本人の性格が派遣先の社風に合わない場合があったのです。

Ａさんは ＰＩ分析を活用し、派遣先企業と派遣する「人財」の相性を考えることにしました。例えば、慎重派でしっかり準備する「過去型（リスク）」の人財を、慎重さを重視する大手企業に派遣するなど、人と企業の相性を考慮しました。

その結果、派遣先の企業からのクレームが激減。それに留まらず、派遣社員に対して「ぜひ、うちの正社員に採用したい」というオファーも受けるようになったのです。ＩＴ系人材の派遣だと、ＰＣ関連装置の立ち上げなどで数カ月以上常駐する場合もあります。そのため、スキルだけでなく、職場でのコミュニケーションが大切になってきます。

そこで、Ａさんは、出向先の上司と派遣する人財のＰＩ分析を行い、お互いの相性を考慮した上で派遣先企業を決めるようにしました。Aさんは派遣先企業の上司にも、派遣する人の性格を事前に伝えておく根回しも忘れませんでした。その結果、派遣された人が職場でのコミュニケーションを円滑に行うことができ、クレームが6割減少するという大きな成果を出せたのです。

このように、単にスキルの高さだけで人財配置を行うとトラブルを招くこともあります。上司と部下のタイプを考慮し、適材適所の人財配置を行うことでスムーズに進むことが多いのです。

「生まれ持った能力」を〝見抜いた配置〟が社運を決める

社員の本来の能力を活かせると、同じメンバーでも業績を大きくアップさせることが可能です。強みを伸ばす人事を行うと、社員ひとり一人が楽しみながら働けるため、仕事に対して積極的になるのです。

ある地方の広告代理店のA社長が実際に行った、大きな成功を収めた人財配置の事例を紹介しましょう。A社長は、もともと現場の広告デザインや企画などを行うクリエイターからの叩き上げ社員から、現在の会社を創業した方でした。事業が軌道に乗り、会社は大きく成長しました。しかし、社長業に専念せざるを得なくなり、現場から離れていくのを寂しく思っていました。

あるとき、A社長は幹部たちに対して、「社員の好きな業務をさせることはできないだろうか？部署間をまたいで仕事ができるようにしたい」と提案しました。幹部全員が反対しましたが、A社長本人も現場で企画の仕事をやりたい希望もあり、何としても実現したいと考えていました。

A社長から私に相談があったのはこの頃です。そこで、私は社員の好きなこととやってみたいことを聞く社内アンケートを実施することを提案しました。A社長はすぐ実行し、その後「自分の好きなことを会社でどうやって活かすのか？」というテーマでフリートーク会議を定期的に開催したのです。

このようなフリートーク会議を何度か繰り返すうちに、少しずつ社内に変化が見られました。上司たちが部下の才能を活かせる部署について考え始めるようになったことです。

そして、A社長は幹部と相談して、従来の業務もやりながら自分の好きな仕事もできるような体制を構築しました。メンバーの才能を活かせる部署がない場合は、新しい部署を新設したのです。
するとハ会社に明らかな変化が起こりました。ひとり一人が好きな仕事をやってい

るため、笑顔があふれる職場になったのです。周りのメンバーと協力し合う雰囲気になり、社内の部署間の垣根もなくなりました。そして、業績面でも過去最高記録を達成。もともとは広告代理店業だけでしたが、新しく不動産事業も立ち上げ、6億円だった年商が5倍の30億円まで増えたのです。

成功の要因は、部下の弱点を強みと捉え直した人財配置にあります。

例えば、「仕事が遅い社員＝慎重で仕事が正確」といったように、強みにフォーカスしたのです。そして、社員ひとり一人の強みが活かせる部署に配置することで、楽しんで仕事ができるようになりました。社内全体の楽しい雰囲気がクリエイティブ性を高めたのです。

その結果、クライアント企業への提案の幅が広がり、売上5倍という素晴らしい実績を実現できたのです。そして、それぞれの個性を活かす職場になったことで、優秀な人財が集まってきたことも大きな成功要因の一つでしょう。このように、才能を活かした人財配置は、良い流れを作り出す力があるのです。

「戦略家」から「現場リーダー」になった人が大活躍

戦略が得意な「夢想（老人）」タイプが能力を発揮して活躍した事例も紹介したいと思います。この「夢想（老人）」タイプは、経営の神様と言われる人が多く、松下幸之助氏もこのタイプです。

ある大手ハウスメーカーの営業部で働いていたＡさんのストーリーです。Ａさんは営業マンとして多くの住宅を販売した実績が認められ、営業部長まで昇進しました。しかし、上司が退職したタイミングで様々なトラブルが起こり、中堅ハウスメーカーに転職する決断をせざるを得ませんでした。

戦略家であったＡさんは、その能力を買われ、新しい会社でも営業部長に就任しました。しかし、Ａさんは売上の数字を計画するのは得意でしたが、部下に対してすぐに成果を求めすぎる傾向がありました。そのため、辛くなった部下が次々と退職してしまったのです。以前に勤めていた大手ハウスメーカーでは、社内の仕組みがしっかりとできており、Ａさんの対応は問題になりませんでしたが、転職先の中堅ハウスメーカーでは、部下との距離が近く、ひとり一人と向き合う必要がありました。Aさんは前の会社と同じやり方をした結果、部下の気持ちが離れてしまったのです。

私がAさんから相談を受けたのは、そのような時期でした。私は、メンバーのPI分析をもとにしたアドバイスをお伝えしました。すると、Aさんは自分があまりにも能力主義だったことに気づいたようでした。従来の自分のやり方では、人はついてこないと自らの過ちを反省したのです。

その後のAさんは、業務に行動特性学を取り入れ、人は財産だと考えるようになりました。自分と違う考え方の人もいると認識し、部下の性格に合わせて育成し始めたのです。緻密に計画を立てるのが得意だったAさんは、部下ひとり一人の営業戦略をデザインしました。それだけではなく、個別に戦術を考えて具体的な行動計画にまで落とし込んだのです。その結果、Aさんと部下の努力が実り、営業部全体の売上も昨年対比で50%増加、その翌年から5年間で総売上が4倍近くになりました。

さらに、Aさんのマネジメントで特筆すべき点があります。それは、PI分析を応用して、クライアントと性格の合った営業マンを担当に配置し、クライアント別に最適なセールストーク集をマニュアル化したことです。ハウスメーカーの営業は、お客さんと短くても数カ月は関わります。そのため、お客さんと営業マンの相性が非常に重要だからです。その後、この中堅ハウスメーカーは、輸入住宅の業界でトップに昇りつめました。これも、Aさんの戦略家としての才能を思う存分発揮した結果だと考えます。

このような話は、実際に多くの企業で起こっています。大手メーカーでは問題社員だったAさんが、新しい会社ではスター社員に生まれ変わったのです。私は、**最適な人財配置は180度結果を変える力があると確信しています。**

「プレイヤータイプ」を「経理部」に配置していませんか？

現場に強くて営業に向いている「プレイヤー」（突撃隊長的役割）というタイプがあります。この「プレイヤータイプ」は、最初大人しく見えるため、経理部などの内勤に配置されやすい傾向があります。確かに「プレイヤータイプ」は、数字にも強いため、経理もそつなくこなすでしょう。しかし、私はこの「プレイヤータイプ」を内勤に配属させることは、適性を100％活かせていない人財配置だと考えます。

商業施設の観葉植物などの装飾を手掛ける、あるディスプレイ会社の事例で説明しましょう。この会社には、30歳でヘッドハンティングされた優秀なAさんという社員がいました。Aさんは、飲食店チェーンの経理部や管理部門で、内勤の他に装飾を経験した経歴を持つ人でした。その後、ディスプレイ会社のオファーを受けて転職し、経理部に配属されたのです。

同じ頃、支店長から私にコンサル依頼がありました。私は社内メンバーのPI分析を行い、メンバーに以前から知人だったAさんの存在に気づいたのです。私が驚いたのは「プレイヤータイプ」のAさんが経理部に配属されていたことでした。

私はすぐ支店長に「Aさんは経理部よりも現場や営業が向いているタイプですよ」と伝えました。そこで、支店長は私の提案通りにAさんを営業部に配置転換しました。

その後、Aさんは「水を得た魚」のように、次々と目覚ましい成果を上げていきました。Aさんは大きな案件を何度も契約し、大手広告代理店からもライバル視されるまでに頭角を現したのです。会社の業績に貢献したとして、Aさんは、部長→支店長→役員に昇格とトントン拍子で出世しました。この会社が手掛けるクリスマスツリーの装飾は、今では町の風物詩にもなっています。

このエピソードは、本人の適性を活かした人財配置の大切さを教えてくれます。確かに、Aさんがあのまま経理部にいたとしても、仕事でも一定の評価をされたことでしょう。しかし、Aさんの「プレイヤータイプ」の能力を100％活かすことは出来なかったと考えています。本来の能力を活かせると、同じ努力でも大きく結果が変わるのです。

「自分に合った仕事」「自分に合った働き方」ができる

人財配置がうまくマッチングすると、自分に合った働き方ができます。自分に合った仕事をする人が増えると、会社の業績に直結します。

高品質でおしゃれな着物を販売するある着物ギャラリーの話です。このギャラリーには20代のAさんという女性スタッフが働いていました。Aさんは、接客は苦手でしたが、細かいところに気がつくタイプで、バックヤードの商品管理部門で活躍していました。

もう一人の20代後半のBさんは、センスが良く、お客様に新しい布地を売るのが得意な女性でした。しかし、お客様の希望を無視して自分のセンスで強引に販売するところがありました。このギャラリーが取り扱うのは高品質な着物で、価格も数十万円から数百万円するものもありました。そのため、少しずつお客さんからクレームが出るようになったのです。確かに、お客さんの立場からすると、一生に一度の購入の場合もあるため、意見が反映されないと不満が残るでしょう。

着物ギャラリーの女性社長は、Bさんを高く評価し、店長候補に考えていました。ただ、強引な販売とお客さんのクレームが多いのが懸念点でした。そのようなタイミングで、社長から私に相談がありました。正しい評価基準を持たない会社の場合、Bさんにクレームを出させないよう、場当たり的に、お客様との接触頻度を減らす業務をさせたり、バックオフィス部門に配置転換させてしまうでしょう。苦手な業務や合わない職場環境に追いやられ、自身の能力を活かせず、『働かないおじさん』になっていきます。

私は、スタッフを総合的にPI分析した結果「店長候補のBさんに商品管理のAさんを補佐役とする人財配置が最適だと思います」と社長に提言しました。Bさんはプランを考えられる「プランナー」(参謀的役割)タイプであり、Aさんは流行に敏感で芸術的センス抜群の「先端(青年)」タイプだったからです。社長はすぐに実行に移し、AさんとBさんのコンビ接客がスタートしました。

二人体制が始まってから、結果が出るのに時間はかかりませんでした。Bさんが強引な接客をした際には、Aさんがお客様の顔色を察知してすぐにフォローします。Aさんと Bさんのコンビは、お互いの強みを合わせ、弱点を補い合えたのです。そして、クレームは大幅に減りました。それどころか、お客様からAさんとBさんは娘のように可愛がられるようになりました。

その後、2人の活躍を見ていた社長は、安心してBさんを店長に昇格させました。一方Aさんは、心遣いを活かせる「お客様サポート」の部署に配属されました。お客様の誕生日などの記念日にプレゼントや記念品、心からのメッセージを贈る仕事に専念しました。Aさんがアフターフォロー専属になってから、お客様のリピートや紹介が劇的に増え、売上が倍増したのです。社長は、このコンビの成功をモデルケースにして、その後は戦略的な人財配置を組み立てるようになりました。

Aさんはその後も会社に貢献し続け、社長の右腕にまで昇進しました。全国30店舗を統括するスーパーバイザー的ポジションに就任したのです。

このように、自分に合った仕事に人財配置することは、業績アップにつながります。自分に合う仕事をさせることは、決して本人の「我がまま」を叶えているわけではありません。会社としても大きなメリットが享受できる可能性があり、会社も社員もWin-Winの関係になれると考えています。

第4章

2000社10万人の面談から生まれた！ PI分析法とは？

人財配置の〝正しい物差し〟が存在しなかった

従来型の人財配置では、上司の主観による判断や心理学的な評価ツールが使われています。この手法では、上司の主観が入るため、正しく適材適所の人財配置ができているとは言えません。その結果、働かない上司や社員、メンタルヘルスで会社を休んでしまう社員が増えてしまうのです。

では、従来型の評価ツールの問題点は、いったいどこにあるのでしょうか？　確かに、それらの評価ツールでも大まかな適性、例えば性格、職種、社会性などはわかります。しかし、会社や組織における適材適所の人財配置を行うには不足があります。

その理由は、心理的側面の強い評価ツールになっていることです。つまり、回答したその時の気分によって、同じ人でも全く異なる人物像が出来上がってしまうのです。週末にリフレッシュした後に受けたのか、出社前に家族と口げんかをした後に受けたのか、そういった些細なことで異なる結果が出ます。また、書店に行けば、評価テストの傾向と対策などの書籍も置いてあるため、テストの準備をすることも可能です。

社員の状態によっても、結果にムラが出てしまうため、正確性に欠けると言わざるを得ないのです。

一方、ＰＩ分析では、心理的側面を使用しないので、毎回結果が異なるということはありません。性格、職種、社会性はもちろん、気質や潜在能力、対人関係の相性などがわかります。これらを把握した上で、社員の適性を尊重した職種や役割、組織環境を分析します。性格や相性などをもとに、誰をどの部署に配置するかだけでなく、「社員の個性を活かすためにどんな部署や役割をつくったほうがいいのか」など戦略的な組織づくりをすることができます。

これまで私がＰＩ分析を使い、人財配置に携わってきた35年の経験からお伝えすると、社員の個性を活かすことで、社内のモチベーションは自然に上がります。その結果、社員にとって居心地の良い組織（環境）になり、業務の効率がアップします。そして、社員ひとり一人の個性で会社の個性（風土）が決まってくるのです。つまり、ＰＩ分析は、会社から「働かないおじさん」を「働くおじさん」に変える魔法のツールとも言えます。

持続的に組織を運営し発展させていくためには、多くの企業で永遠のテーマである適材適所を解決することが最重要です。そのためには、客観的に判断をする物差しを持つことが必要になってきます。PI分析は、最適な人財配置のための正しい評価基準と言えるでしょう。

伸びる会社は「人間関係の相性」が9割

これまで私が2000社以上のコンサルをしてきた中で、ある法則が見えてきました。それは、**「人間関係が良い企業は経営が長く続けられる」**という法則です。しかし、残念ながら多くの企業では社内の人間関係がうまくいっているとは言えないのが現状でしょう。

その主な理由は、最適な人財配置を行うための明確な基準が無いことです。それに対して、PI分析には、成果を上げるための最適な基準があり、仕事における基本的な人間関係の相性も考慮することができます。

人間関係の相性には、大きく分けると、「仕事上の相性」とプライベートも含む「基本的な相性」の2つがあります。仕事において考慮する比率は、仕事上の相性：基本

Personal Identity 分析
【人間関係の捉え方・原理】

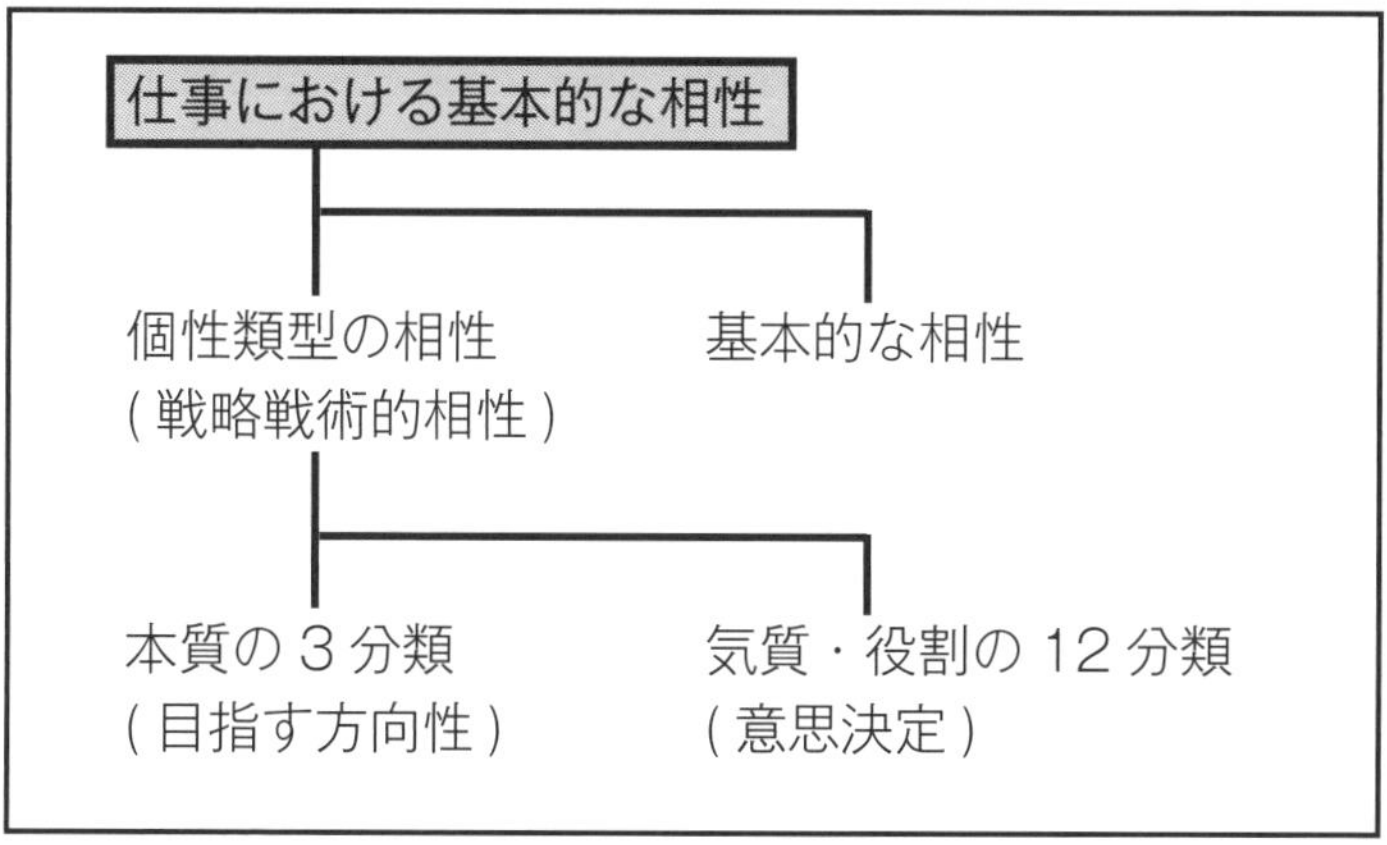

【個性類型に起因する相性の見方】

分類／対象	本質の3分類		気質・役割の12分類	
	内面	外面	内面	外面
自分	ヒトタイプ	ヒトタイプ	自然(乳児)	配慮(入墓)
相手	カネタイプ	ヒトタイプ	夢想(老人)	自然(乳児)

【内面の３分類による人間関係の法則】

内面３分類のタイプの違いから、うまくいく人間関係の法則があります。
内面が同じタイプは分かり合える関係、矢印は扱いやすい関係です。
※矢印が逆になると扱いにくい関係になります。

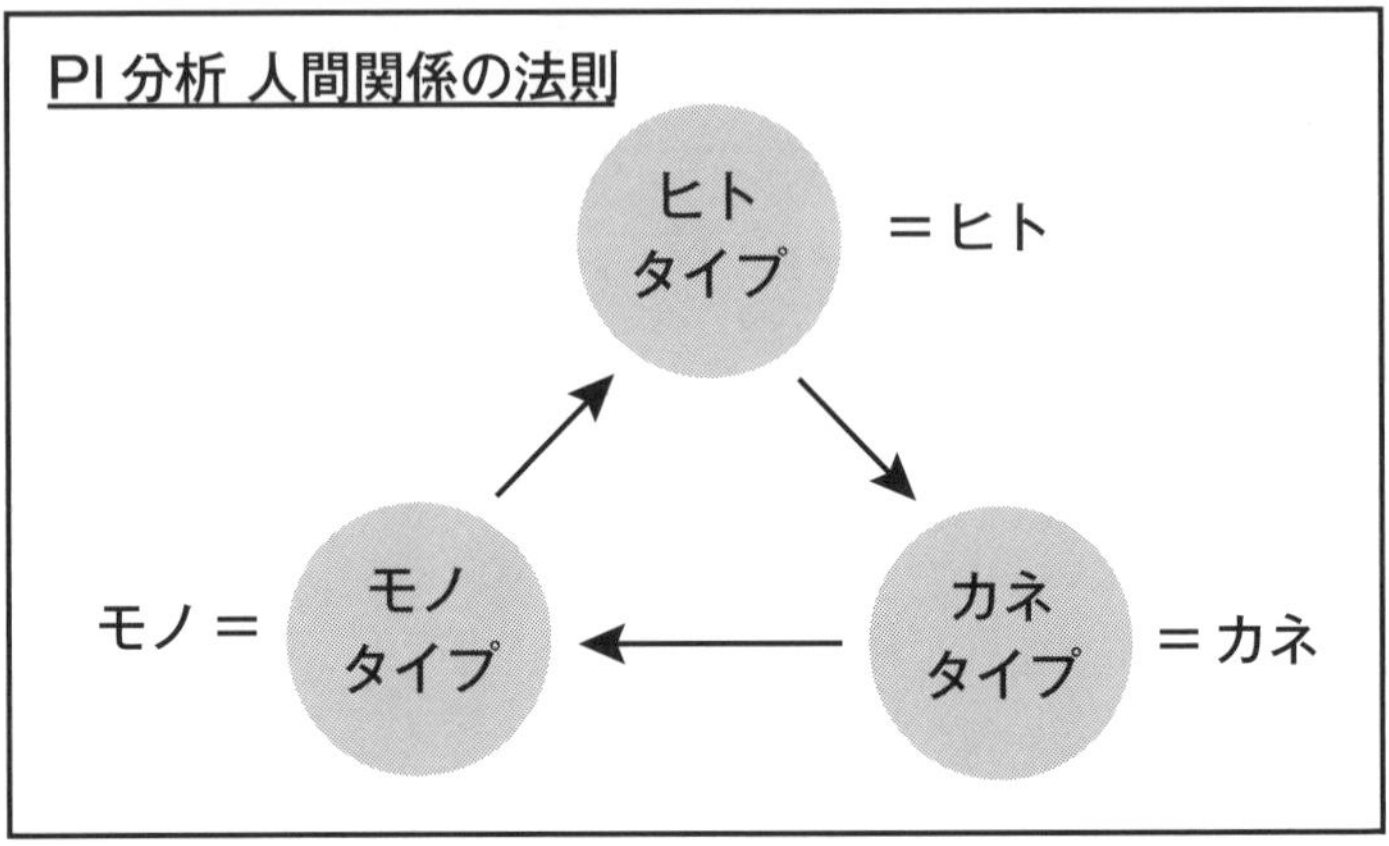

的相性＝7：3です。

ここで、PI分析で相性を調べる手順をかんたんに説明します。

まず、PI分析では、人間関係をとらえるために、個性類型に起因する「仕事上の相性」と、これに該当しない「基本的な相性」に大別しています。そして、各々の相性を分析するには、目指す方向性を示す「3つのタイプ」を確認する必要があります。3つのタイプとは、「人間関係」を大事にするヒトタイプ、「価格（損か得か）」を大事にするカネタイプ、「権威性」を好むモノタイプの3つです。

次に、12分類の意思決定に関する要

Personal Identity 分析
【個性類型の分類】

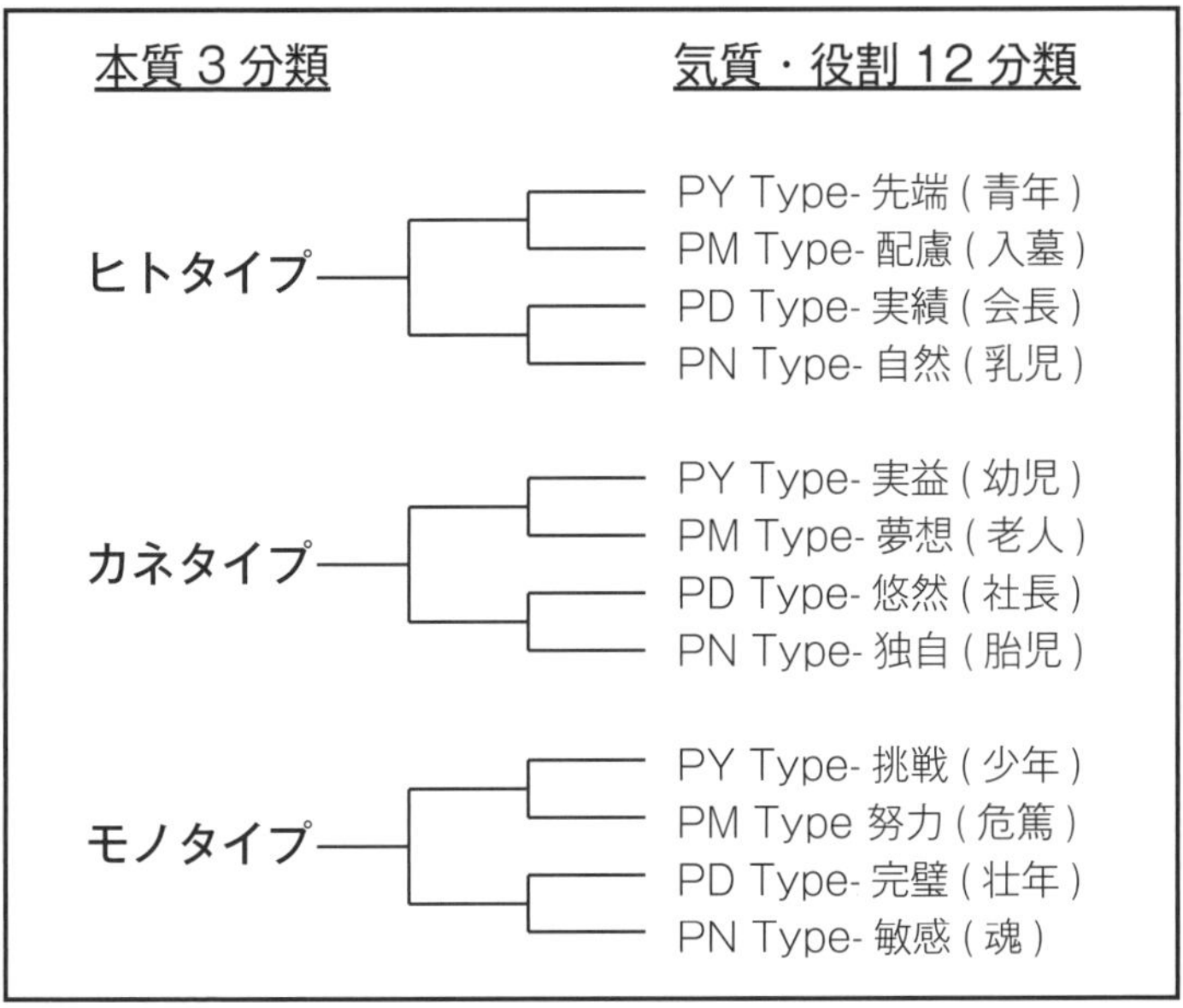

素に関して確認します。

ＰＩ分析では、70％は意思決定に関わる「内面的要素」（以降「内面」）、周囲からこのように見られたいというような、対人関係に関わるものを「外面的要素」（以降「外面」）と呼び、個性にはこの2つの性質があると考えています。

内面、外面のそれぞれにおいて、目指す方向性、つまりヒト、カネ、モノのどちらの志向が強いの

【気質・役割 12 分類の特徴】

敏感（魂）	直感が鋭く、状況判断に優れ、臨機応変な対応に強いタイプ
独自（胎児）	流れを見通す力に優れ、理論的な企画、立案が得意なタイプ
自然（乳児）	事の成り行きを見ながら、足りない点を付加、修正していくのが得意なタイプ
実益（幼児）	人の気持ちを察するのが早く、とっさの状況判断に強いタイプ
挑戦（少年）	失敗を恐れず、目標に対して何度でもトライしていく速攻タイプ
先端（青年）	周囲をリードしながら新しいものを取り入れ、リーダーシップを発揮するタイプ
完璧（壮年）	厳しい状況の中でも弱音を吐かず、粘り強い対応を得意とするタイプ
悠然（社長）	基本バランスを中心とし、全体を理解すると徹底して取り組むタイプ
実績（会長）	実績経験を重視し、結論が出ると自分の存在を前に出し、周りをリードするタイプ
夢想（老人）	ペース配分を大切にし、堅実で実質的な路線で進み、結果を重視するタイプ
努力（危篤）	同化吸収力が強く、実践行動を基本に進む、スペシャリストタイプ
配慮（入墓）	誰とでも一定の距離を持ち、客観的な洞察力で、現場対応するタイプ

Personal Identity 分析
【内面と外面の２つの側面】

内面的要素
（深層心理）

7：3

外面的要素
（表層心理）

意思決定
決断
戦略
目的

対人対応
交際術
戦術
手段

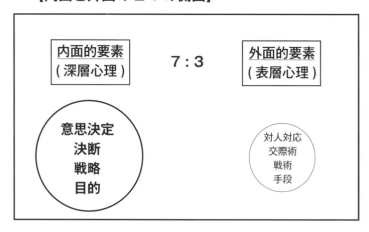

か、そして意思決定の12分類のどれが強いのかを見ていくことで、社員同士の相性を分析していきます。

もし、あなたの内面がヒトタイプで、相手にも同じヒトタイプの要素があれば、お互いの考えを理解することができます。例えば、ヒトタイプの部長の場合「まず、お客様と信頼関係をつくれ！」と指示します。ヒトタイプの部下なら、部長の指示に納得できます。しかし、カネタイプの部下の場合、部長の考えは伝わらず、すぐに結果を求めるセールスをしてしまいます。このように上司と部下のミスマッチが起きると、組織としての成果が出しにくくなります。

実際にコンサルをしてきた中で、印象的だった企業の例をご紹介しましょう。あるとき、都内の某IT企業の42歳男性のA社長から、新規事業における組織づくりの相談を受けました。

A社長には、ネットワーク構築の事業をもっと広げたい、という思いがありました。そこで私は「PI分析の仕事の相性」で一緒に目標達成でき、短期間で成果を出せるA社長との相性が抜群のB部長を、新規事業のネットワークディレクターに抜擢する

【個性類型の相性例】

◆3 分類・12 分類ともに内外面が全て一致
※一緒に目標達成できる関係。自分とうり二つの人。

対象＼分類	本質の 3 分類		気質・役割の 12 分類	
	内面	外面	内面	外面
上司	ヒトタイプ		自然（乳児）	
部下	ヒトタイプ	ヒトタイプ	自然（乳児）	自然（乳児）
一致是非	○	○	○	○

◆3 分類・12 分類が全て不一致
※一緒に目標達成できない関係。基本的に何も理解できない。

対象＼分類	本質の 3 分類		気質・役割の 12 分類	
	内面	外面	内面	外面
上司	ヒトタイプ		自然（乳児）	
部下	カネタイプ	モノタイプ	夢想（老人）	挑戦（少年）
一致是非	×	×	×	×

人財配置が良いと判断し、A社長と組織作りに取り組みました。

A社長は、これまでIT業界内でコツコツ人間関係を築いてきました。A社長はサラリーマン時代、その優秀さからどの会社を訪問してもヘッドハンティングの声がかかる、職人気質のモノタイプで「努力（危篤）」タイプの人です。そして、PI分析でA社長の個性と「短期間で成果を出す」という相性の、同じモノタイプの「挑戦（少年）」タイプで、35歳若手のB部長を新規事業の事業部長（ネットワークディレクター）として配置しました。

B部長は、強烈な個性（挑戦）の持ち主で、自己肯定感が強く、常に自分の強みを主張し続けていくタイプだとわかりました。IT関連のビジネスに関する感度が高く、いくつかのヒントからあっという間に結論を導き出すようなキレ者ですが、業界内で敵も作りやすく、その強引さがマイナスを生むこともありました。A社長と組むことで、A社長から徹底的に仕事に対する姿勢やリーダーとしての役割を教え込まれ、基本的な価値観とコンセプトが同じ個性でもあり、仕事における相性の良さから、新規事業を非常に短時間のうちに筋道を組み立てて、計算を重ねて結論をはじき出し、軌道に乗せていきました。

この人財配置が功を奏し、A社長とのコミュニケーションもスムーズに進み、A社長の事業展開構想を理解して、さまざまなデータから結論を結びつけ、次々に結果を出していきました。トントン拍子に業績が上がり、目標よりも早く、3年間で次々と新規分野（デジタルビジネスイノベーション、オペレーションのセキュリティエキスパート）を立ち上げて、A社長がB部長の才能、強み、能力を活かす指導をし続けた結果、業績は3年で3倍という結果になりました。

このように、PI分析では人間関係の相性を考慮した人財配置をすることができます。そして、職場の人間関係が良くなることは、業績アップに直結するのです。

「社員愛にあふれた社長」が引き起こす業績不振パターン

多くの人は、社長が社員を大切にする会社はいい会社という印象を持っていると思います。確かにそうなのですが、それが度を過ぎて裏目に出ると、会社の経営が危機に陥る可能性もあります。最終的に、会社が潰れてしまう場合、大きく3つのパターンがあります。特に、社長と会社の7割の社員が同じタイプだと起こりやすくなります。

1　ヒトタイプの社長×ヒトタイプの社員
2　カネタイプの社長×カネタイプの社員
3　モノタイプの社長×モノタイプの社員

それぞれのパターンで、どのような悲惨な末路をたどってしまったのかを説明したいと思います。

◉1　ヒトタイプの社長×ヒトタイプの社員

この組み合わせの会社は、アットホームで和気あいあいの大学のサークルのような雰囲気になります。一見すると、とてもいい会社なのですが、採算を度外視した過度な開発投資をする傾向があります。そして、社長も人が良いので、生産性が良くない社員でも切ることができません。そのため、人事管理がルーズになり、決断が遅れて最終的には業績不振になることが多くなります。

ある中小の旅行代理店では、家族向けの旅行企画を中心に販売していましたが、業績は不振でした。しかし、社長は次の商品開発に取り組むことに熱心で、現状の企画の問題点や時代に合った商品開発になっているかという点には目を向けませんでした。そして、仲間意識が強い社長は、社員も頑張っているという気持ちが強く、売上の上がらない社員たちの責任を追及せず、そのままどんどん業績が悪化していったのです。

結局、業績が改善することはなく、大手の旅行会社に買収されてしまいました。社員を大切にする社長だったので、社長だけ退陣し、社員は買収後も同じように会社に残ることができたのが唯一の救いでした。

このように、ヒトタイプの社長と社員が多いと、その場の雰囲気を重視するあまり、大事なことに着手せずに、このような末路をたどる傾向があります。外から見ると明らかでも、本人たちは、なかなか気づかないので注意が必要です。

◉2　カネタイプの社長×カネタイプの社員

カネタイプの社長は、能力重視の傾向があり結果を出す社員を好み、同じカネタイプの人を採用する傾向があります。その結果、コストパフォーマンス重視で能力偏重の社員が増え、自分仕事中心のスタッフが多くなるので、社内の雰囲気はギスギスしてくるのです。

また、目先の利益を先行するため、過度な設備投資を行います。そして、金利だけで銀行も選ぶため、メインバンクをどんどん変えていきます。設備投資にお金をかけすぎているため、ランニングコストが大きくなります。そのため、社員の給料もなかなか上がりません。カネタイプの社員が多いため、ドライに会社に見切りをつけて辞めていくのです。人財が育たなくなり、会社の生産性が低下するので、最終的には会社が潰れてしまうことも多いです。

◉3　モノタイプの社長×モノタイプの社員

モノタイプの社長は、権威が大好きで、同じモノタイプのお気に入り社員を採用します。モノタイプは、可能性をすぐに実現したいと考える傾向があります。誰かのお墨付きをもらって、競争しないでも勝てる方法を選ぶようになります。その結果、社内には、派閥ができやすくなるのです。

会社の業績もムラがあり、年によっては売上が10倍も変動することもあります。社長も公私混同することが増えため、社員のやる気がなくなり、社内が不活性化します。会社が無計画になり、管理がずさんになるため、致命的なミスが増えて大きなトラブルに発展します。社内には、時代劇の越後屋のような社員が増えます。大きなトラブルが続き、対外的な信用を失い、受注が減って売上が減少し、最終的には会社が潰れるのです。

あまり表には出てきませんが、実はこのパターンで倒産している会社が多くあります。客観的に見ると、誰かが止めると思うかもしれませんが、社員に同じタイプが多いと、社内の雰囲気にのまれてしまうのです。

このように、社長が自分と同じタイプの社員を可愛がり過ぎると、同じタイプの社員ばかりになり、バランスを崩す可能性があります。自分の会社がそのような悲惨な末路に向かっていないかをぜひこの機会に確認してみてください。

パーソナル・アイデンティティ分析で適材適所が判明！

実は、一人が複数のタスクを兼務する会社は、組織が脆弱です。なぜなら、何かトラブルがあったときに、一人に業務が集中すると物理的に動けなくなり、会社の業務が滞ってしまうからです。

理想的な会社組織は、ひとり一人の従業員が自分の得意な業務に集中しています。この場合、大きなトラブルが起きたとしても、従業員が得意分野だけに集中できるため、何とかトラブルを乗り切ることができるのです。

具体的にイメージをしやすいように、ＰＩ分析をして、適材適所に人事配置するまでの流れを説明したいと思います。

まず、クライアント企業の組織の現状をヒアリングして、各部署、各人財の詳細を把握します。とくに、各人財の特徴を理解し、各部署における人財配置の「相性」を分析します。このとき、ＰＩ分析を用いて、ひとり一人の強み・弱みを明らかにし、現在の組織に必要な人財の量と質を明確にしていきます。

次に、クライアント企業と一緒に、目指すべき「組織の機能」を設定します。この時点で、目指すべき理想の状態と、今現在の状態のギャップがはっきりと浮き彫りになります。当然ながら、このギャップを埋めれば目的を達成できます。それぞれの従業員の強みを活かした人財配置を決めていけば、目的を達成する理想の組織を作ることができます。

理論で言うと簡単に聞こえますが、もちろん、実際には理想通りに行かないこともあります。しかし、大切なことはPI分析でひとり一人の従業員の強み・弱みを明確にし、組織における必要戦力が明確になることです。ここまで現状把握ができれば、人財配置が上手くいくまで何度でも配置転換できるでしょう。現状の課題が明確になっており、打つ手は無限と言えます。

パチンコ店を運営する企業もPI分析と人財活性研修で、4年間で15店舗から30店舗に拡大し、2000人のスタッフを抱えるまでになりました。このときも、マネジメント特性の分類、行動特性の分類、仕事の役割分類などの分析により、組織の弱点を把握することからスタートしました。従業員ひとり一人の弱点を明らかにすることで、組織全体の弱点が見えてきます。例えば、売上を上げるために組織で不足している能力や人財も明確になります。そこから、逆算して具体的な人事戦略と人事戦術まで落とし込めるのです。

企業にとって、人財を測る物差しがPI分析と言えるでしょう。PI分析では、企業内での人間関係を構築する大きな要素として、コミュニケーション能力にも重きを置いています。基本的なものですが、伝え方には個性により「ストーリー性」「具体性」「感性」の3つの法則があります。同様に、聞き方にもこの3つの法則があります。実は、個性に合わない伝え方や聞き方が「誤解」が生まれる大きな要素となっていたのです。

ＰＩ分析を使えば、従業員が明確にどのタイプかがわかり、さらには価値観が明らかになるため、どの従業員にはどの言葉が響くのかもわかります。

その結果、「働かないおじさん」をつくることなく、コミュニケーションが円滑になり、各部署で能力を最大限に活かす効果的な人財育成ができるため、積極的な人財配置により組織が活性化するのです。

能力を「立体的に数値化」できる方法があった！

「ＰＩ能力」とは、簡単に言うと、「個人の中でできること」です。

「ＰＩ能力10要素」では、個人の中での絶対評価で「できること」を「能力」（生まれ持った強み、才能、役割、適性）と表現しています。「能力」には(a)～(j)（104頁）の10種類の構成要素があり、この10要素の中のどの要素をどのように持っているのかが、先天的な（生まれ持つ）能力特性です。また、個人に内在している、潜在的に「～したい」という素の性質を、具体的に「能力」として表しています。

【能力の10要素と性質】

要素／性質	性質（潜在的能力）	能力（顕在的能力）
(a) 独立心	独立的、一方的に自分の意見で 相手を説得する。	実行力・交渉力・営業力 新規営業向き
(b) 独立心	投機的、直観的に相手の話を聞き ながらも、最後は自分の要求を通す。	実行力・交渉力・営業力 ルート営業向き
(c) 功名心	手柄を立てたい。口、言葉による人の 使い方がうまい。	宣伝力・表現力 言葉による表現力（口で）
(d) 功名心	手柄を立てたい。鋭い推論やセンスが あり、形にするのがうまい。	技術力・表現力 形による表現力（体で）
(e) 干渉心	何か関わりたい。統率する。 一人よりも、人を巻き込んでいく。	営業力 資金運用力・統率力 グループ（仲間）営業向き
(f) 干渉心	何か関わりたい。蓄財、投資がうまい。 堅実に貯めていく。	営業力・計数能力・能力 不動産運用 お金の営業
(g) 自制心	秩序を守りたい。大組織、拡大。 外への組織作りがうまい。	組織拡大能力・人材運用力 組織開発力
(h) 自制心	踏みつけにされたくない。自己管理、 計画性に優れている。	内部管理能力分析力
(i) 探求心	何か追求していきたい。見た、聞いた ものを自分で変化させていく。	企画力・創造力・応用力
(j) 探求心	何か追求していきたい。見た、聞いた ものをそのままの形で展開。	分析力・吸収力・応用力

例えば、「(f)－(b)－(i)型」という人がいるとします。（10種類の構成要素図②）

そして(f)＝20％、(b)＝50％、(i)＝30％の合計100％だとします。そして、(f)＝20％とは、営業力・計数能力・蓄財能力・不動産運用力の4つの能力が20％あるという意味です。(b)＝50％とは、実行力・交渉力・営業力の3つの能力が

【10種類の構成要素】

例）(f)-(b)-(i)型

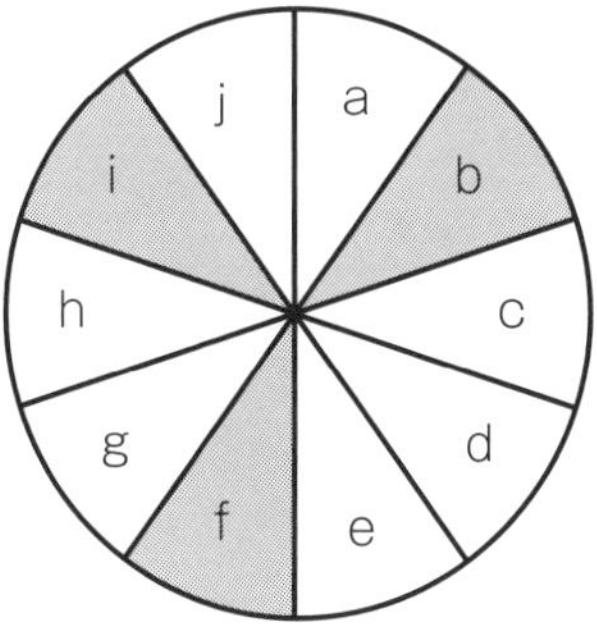

(a) 実行力、交渉力、営業力
(b) 実行力、交渉力、営業力
(c) 宣伝力、表現力
(d) 技術力、表現力
(e) 資金運用力、営業力、統率力
(f) 営業力、計数能力、蓄財能力、不動産運用力
(g) 組織拡大力、人材運用力、組織開発力
(h) 内部管理能力、分析力
(i) 企画力、創造力、応用力
(j) 分析力、吸収力、応用力

※10要素の組み合わせ

能力(100%)=X(20%)+Y(50%)+Z(30%)

あり、50％あるため、(f)と(i)の能力よりも強い傾向があることを意味します。(i)＝30％とは、企画力・創造力・応用力の3つの能力があり、度合いが30％ということです。

その結果、[redacted]で表した図のように、能力の強い傾向順を知ることが出来ます。

ある飲料メーカーの店頭プロモーションの実例を紹介します。プロモーションを行うに

【類型表の「能力」】

項目	類型	
能力	(f)-(b)-(i) 型	
	営業力	■■
	計数能力	■■
	蓄財能力	■■
	不動産運用力	■■
	実行力	■■■■■
	交渉力	■■■■■
	営業力	■■■■■
	企画力	■■■
	創造力	■■■
	応用力	■■■

あたり、必要な能力を持ったチーム編成をする必要がありました。「実行力・営業力・交渉力」のある(a)・(b)タイプを新規開拓チームに、「宣伝力・表現力・技術力」のある(c)・(d)タイプをデモンストレーションチームに抜擢、プロモーション企画の段階で、「企画力・創造力・応用力」のある(i)タイプを中心にプロモーションチームを編成しました。その結果、夏場のプロモーションで売上倍増を達成したのです。

それぞれの「能力」を活かし、部門の専門性に合わせた組織作り、チーム作りに大変有効な選択が出来るようになり、チーム編成する時の根拠が生まれます。

このように、ＰＩ分析によってひとり

一人の能力を数値化することで、欲しい結果から逆算して最適なチーム編成を行うことができるのです。

「PI生き方10分類」で〝社員の使命感〟が変わる

「PI生き方10分類」とは、その人の生き方のタイプを分類したものです。生き方は、方向性を示し、言わば個性が乗っている〝レール〟に相当します。それに対して、能力はガソリンのようなエネルギーだととらえるとわかりやすいでしょう。

例えば、独立的要素の高い「独立独歩、外柔内剛」タイプは、人に雇用されるより独立した自営業・事業家・自由業に向いています。

感性と表現力が豊かで意欲的な「鷹揚淡白、鋭敏率直」タイプは、表現力を活かす実務的で堅実な仕事が向くタイプと感覚的で専門的な仕事に向くタイプです。

資金や財産運用など金銭感覚が優れている「奉仕奔走、堅実節約」タイプは、派手で活動的な変化のある業界を好むタイプと、地味で経理、税務など単調な仕事に向く

Personal Identity 分析
【PI 生き方 10 分類の要素】

「生き方」	要素	「生き方」	要素
「独立独歩」	企画／営業	「堅実節約」	分析／財を不動産に
「外柔内剛」	分析／営業	「義理人情」	企画／組織
「鷹揚淡白」	企画／営業	「品行方正」	分析／組織
「鋭敏率直」	分析／営業／組織	「臨機応変」	企画／開発／応用
「奉仕奔走」	企画／営業／組織	「従順展開」	分析研究／応用／展開

タイプに分けられます。

組織やグループ、仲間の中で力を発揮する「義理人情、品行方正」タイプは、秩序や上下関係を大切にする公務員など組織的な仕事に向くタイプと、社会的地位や権力を持った管理的な職種に向くタイプだと考えられます。

頭の回転が速く、知的好奇心旺盛の「臨機応変、従順展開」タイプでは、名誉や評判に関わる変化に富んだ仕事に向くタイプと、精神的な価値や知的価値を求める仕事に向くタイプがあります。

このように、PI分析における「生き方」は、人生における自分の考え方、方向性を推進する要素として、生きるための基本線（ベース）を以上の10タイプに分けて考えています。

社員の使命感があると、仕事の成果も出やすくなります。ここでは「独立独歩タイプ」と「外柔内剛タイプ」を例にとって説明したいと思います。

「独立独歩タイプ」は、自分の思い通りの人生を進みたい人です。自営業に向いており、会社員でも独立的な部署が向いています。例えば、営業なら特販部のような部署で活躍します。企画にも強く、根は頑固であり、自分のスタイルを通していくタイプです。

それに対して、「外柔内剛タイプ」は、最初は相手に合わせていきますが、最終的には自分のやりたい方向性に持っていくのが得意なタイプです。営業に向いており、自分の意見を通すタイプであり、自社の商品を売ることに向いています。逆に、事務や管理という仕事にはあまり向いていません。営業や交渉の場に行くと、水を得た魚のように生き生きと自由に能力を発揮しています。

このように、自分の生き方に合った仕事をすると、仕事に使命感を持って取り組むことができます。そうすると、自発的に学び行動できるため、結果も早く出やすくなります。その結果、モチベーションが続き継続的に成果を出せるため「働かないおじさん」になりようがないのです。

「社員が辞めたくない組織」は〝ABC〟でつくられる

PI分析における〝ABC〟を行うと、最小の人数で最大の成果を生むことができます。

ABCとは、A：I am＝自分を知る、B：Be myself＝自分らしく行動する、C：Commit＝活かすという意味です。PI分析によって自分の特性を知り、自分らしく行動できると、コミットして成果を出しやすくなります。

ABCを活用して大きな成果を出した、インテリアデザイン会社での事例を紹介したいと思います。

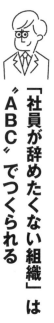

この会社は、兄弟である社長と専務が、会社員時代のデザイナー経験を活かして創業した会社です。私は、立ち上げ当初からコンサルとして関わっていますが、社長と専務はその頃から会社を大きくすることを考えていました。

創業して間もないころから、20代の若手デザイナーをどんどん採用していき、あるとき「自分の強みを仕事に活かす」というテーマでチームビルドの研修を行いました。そして、社員ひとり一人にやりたいデザインをワークの中でヒアリングしたのです。メンバーとそれぞれの希望を共有し、自主的に新しいチームを作ることにしました。

例えば、デザインチーム、制作チーム、営業販促チームを新しく作りました。営業販促チームのアイデアで、日本の南アルプスの山々が見える場所に自社ビルを建設し、社内に展示できるブースを作ったのです。私も何度か訪れましたが、森の中にルネッサンス時代のローマの宮殿を思わせるようなオシャレな建物です。

デザイナーたちは、窓から森を見ながら仕事ができる環境でした。自然の中でクリエイティブなアイデアがどんどん出てくるようにしたのです。さらに、自社ビルのブースを活用して、年4回の自社主催の展示会も実施しました。

すると、全国から大手の文具店や大手セレクトショップのバイヤーたちが足繁く通ってくれるようになったのです。

社員のクリエイティビティも高くなり、バイヤーからの新しい依頼に応えていくうちに、商品数もバリエーションも膨大なラインナップになりました。特に、ギフト業界やノベルティ商品が大きく伸び、元々のインテリアデザインの売上をはるかに上回るようになりました。20人だった社員も150名になり、年商も4億円から200億円と、何と50倍になったのです。

社員が自分らしく働ける環境を作ることで、会社の業績は大きく成果を出すことができるという好例でしょう。

第5章

社員の「理解」が
経営V字回復の決め手だった

戦略的組織作りのすすめ

本章では、PI分析を組織に導入するときの手順を説明したいと思います。PI分析でひとり一人の個性を把握すれば、理想の組織像に近づけるために必要な人財配置が明確になります。

まず、PI分析で現状の組織の分析を行います。そして、ヒトタイプ、カネタイプ、モノタイプの3タイプのどれかを明らかにします。この3タイプは、意志決定の判断基準が異なるので、初めに把握しておくことが重要です。なぜなら、この判断基準は個人がとるべき戦略や戦術に関わってくるからです。これらの戦略を推進する力が「能力」になります。「能力」を発揮するには、ベストな環境が必要であり、それが適材適所に配置された組織だと考えてもらえるとわかりやすいと思います。

実際に、目指す組織の人財配置を行う際には、現状を表すPI分類表というマップを作ります。これは、色々な要素を入れた円で表現します。

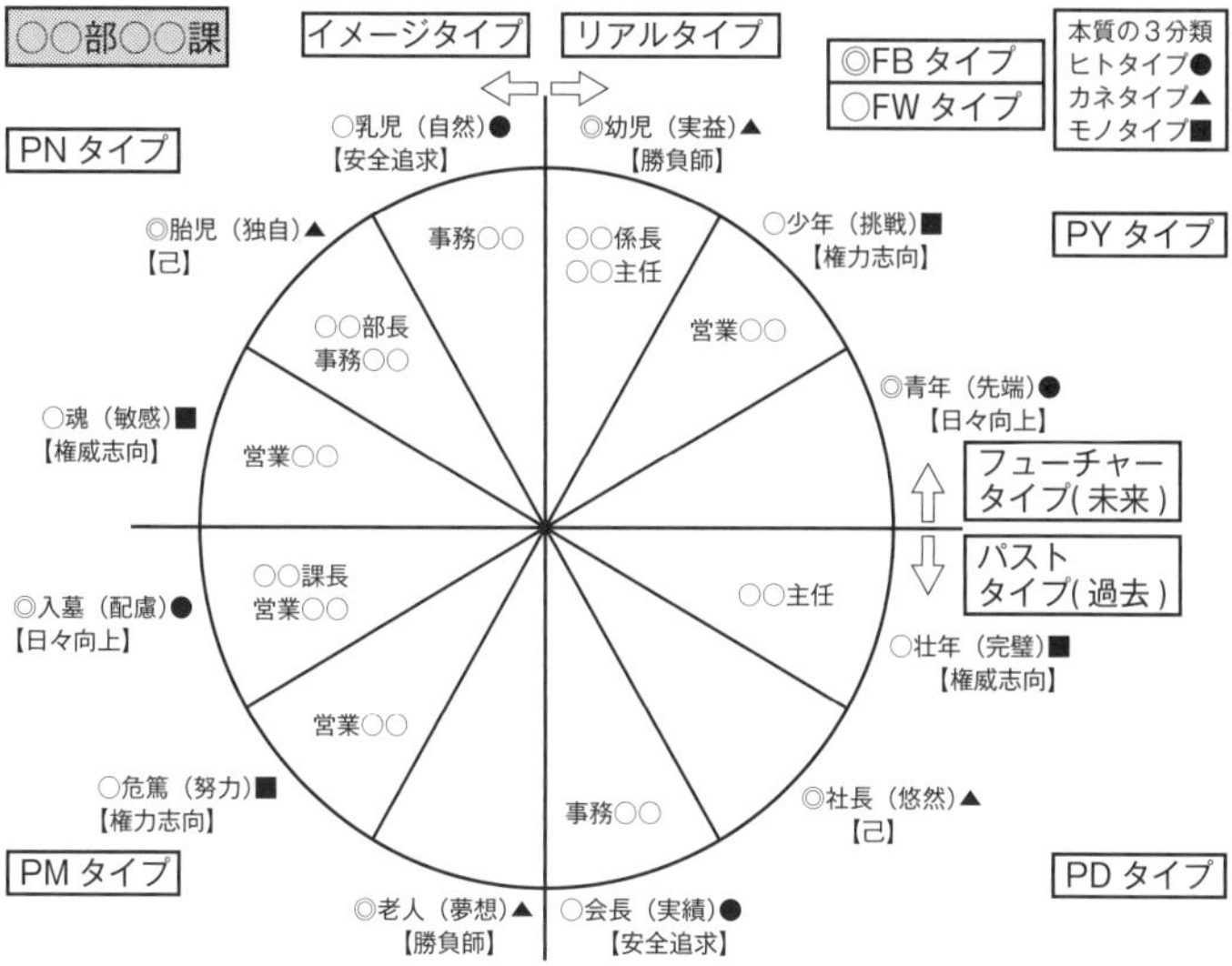

　このＰＩ分類表により、現状のメンバーの強みと組織の傾向性が明確になります。

　目指す組織が明確ではないという方のために、代表的な７つの組織を紹介しましょう。

1　目指す方向性がばらけない組織
2　一緒に目標達成できる組織
3　短期間で成果を出す組織
4　ウマが合う組織
5　バランスが取れた組織
6　上司が部下をスムーズに動かす組織
7　部下が上司をサポートする組織

　ＰＩ分析では、これらの組織になるた

〈現状の組織の分布〉

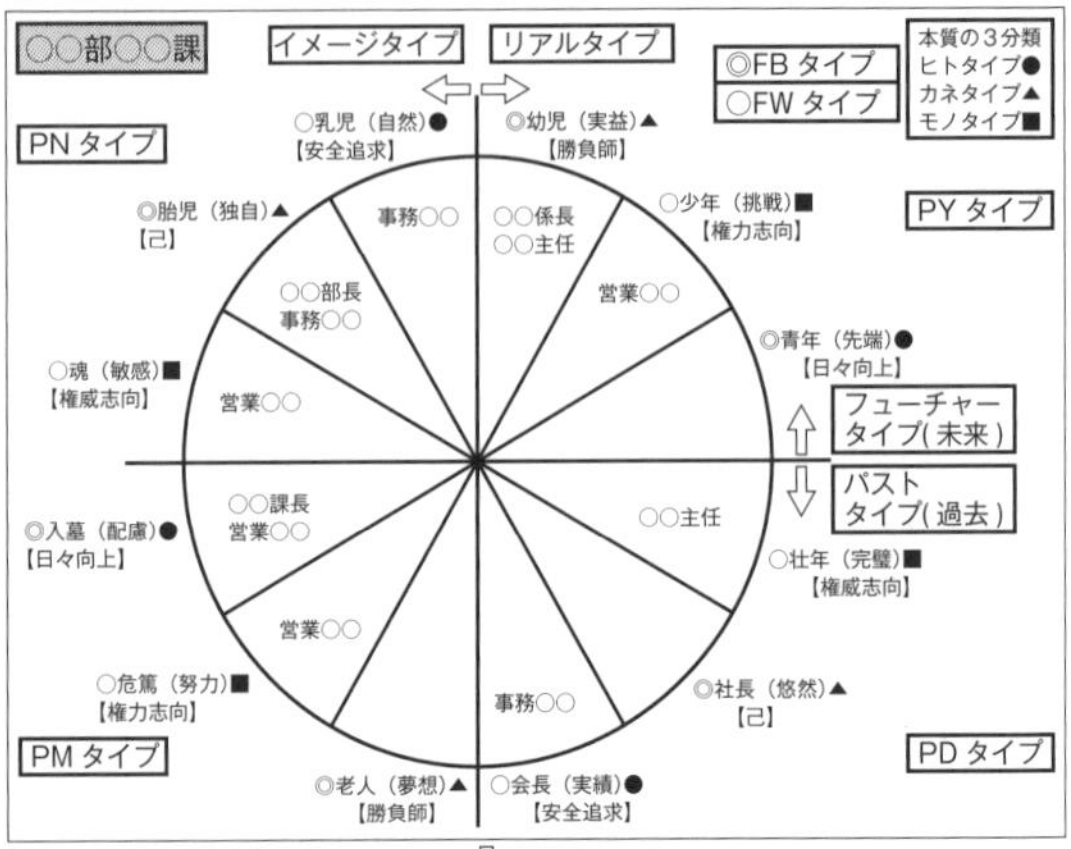

〈理想の組織の分布〉

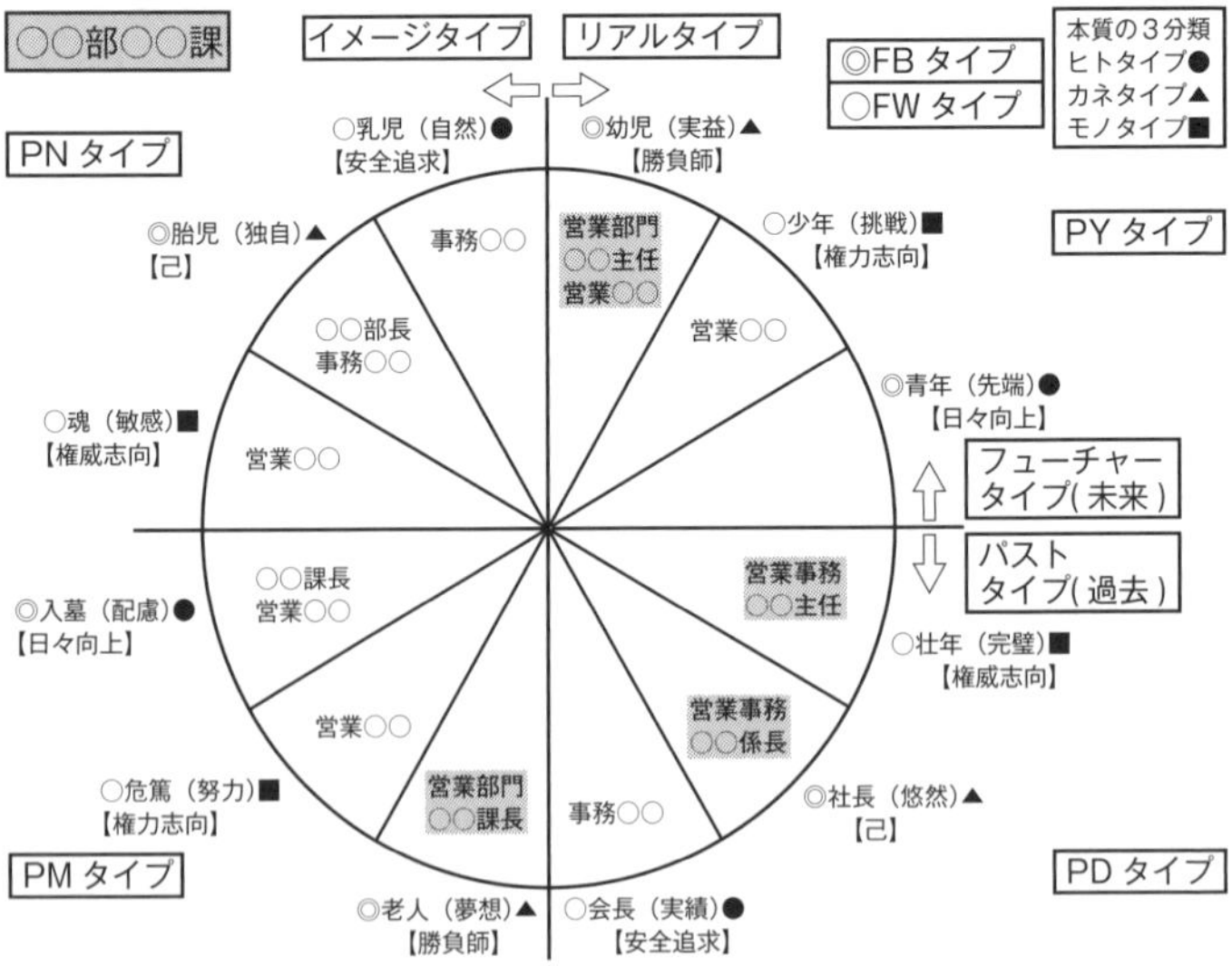

※営業部門には現場に強いPYタイプとPMタイプを配置、事務部門には管理系に強いPDタイプとPNタイプを配置することで、それぞれの適性に合った役割から、その才能を発揮することができます。

めの最適な分布が明確です。そして、現状の分布と比較して、そのギャップを埋めるための人財がわかるため、理想の組織に近づけることができるのです。

この円マップは、会社全体から部や課に落としこみ、それぞれの階層で作っていきます。このマップを見るだけで、何タイプの人財を何人増やせばよいかという具体的な人財配置のアクションがはっきりわかります。

まさに、理想的な組織を自由自在に作れる「魔法のマップ」と言えるでしょう。

人財の「能力分析」ではなく「仕事の役割タイプの分析」を行う

それぞれの個性に合わせた仕事の役割を決めることは、組織を活性化するためには大切です。先ほどのPI分類表のマップ作りを戦略だとすると、仕事の役割を決めることは戦術に相当します。

例えば、フューチャータイプ（希望）とパストタイプ（リスク）という対照的なタイプがあります。フューチャータイプは可能性を優先する売上主導であるのに対して、パストタイプはリスクを重視し安定を求める経費主導のタイプです。フューチャータイプは売上を上げるのが得意ですが、不良在庫が多くなり利益を圧迫する傾向があります。

フューチャータイプの上司とパストタイプの部下の組み合わせだと、うまく成果が出やすくなります。可能性（売上）を優先する上司に対して、部下が現実的に経費を指摘してストップをかけられるからです。

逆に、パストタイプの上司とフューチャータイプの部下の場合だと、部下は上司に可能性のある企画や販売戦略を提案しても抑えられてしまうため、成長が止まってしまいます。

さらに、同じ会社でも成長のタイミングに合わせて最適な人財配置は異なります。例えば、会社の創業期にはフューチャータイプの人財を増やすとうまくいきます。そして、会社が成長して安定期に入ったら、パストタイプの人財を増やすと会社の守りがしっかり構築できます。

また、フォワードタイプ（FW）とフィードバックタイプ（FB）の組み合わせも度々トラブルになります。フォワードタイプは、目標が100だとしたら、200から300を達成する可能性があるタイプです。その反面、調子が悪いときはマイナス

１００になることもあります。一方、フィードバックタイプは、目標が１００だとしたら１００を確実に達成し、それ以上は求めないタイプです。

２つのタイプでは、コミュニケーションの取り方が異なります。フォワードタイプは建前ではっきりしない言動ですが、フィードバックタイプは本音をズバッと言います。フォワードタイプ同士が話を進めていくと、肝心なことを言ったつもりになりやすく、お互いに曖昧のまま進むことがあり、よくトラブルに発展する場合があります。これを防ぐためには、しっかりと書面や議事録に残しておくことが大切で、進捗の確認作業を頻繁にする必要があります。

今回紹介した様々なタイプは、仕事の役割タイプの一部ですが、全部で12分類があります。

この分類でメンバーの得意な仕事の役割が明らかになるため、仕事を割り振る際にとても有効です。その結果、役割と責任がハッキリするため、トラブルを未然に防ぐことができるのです。

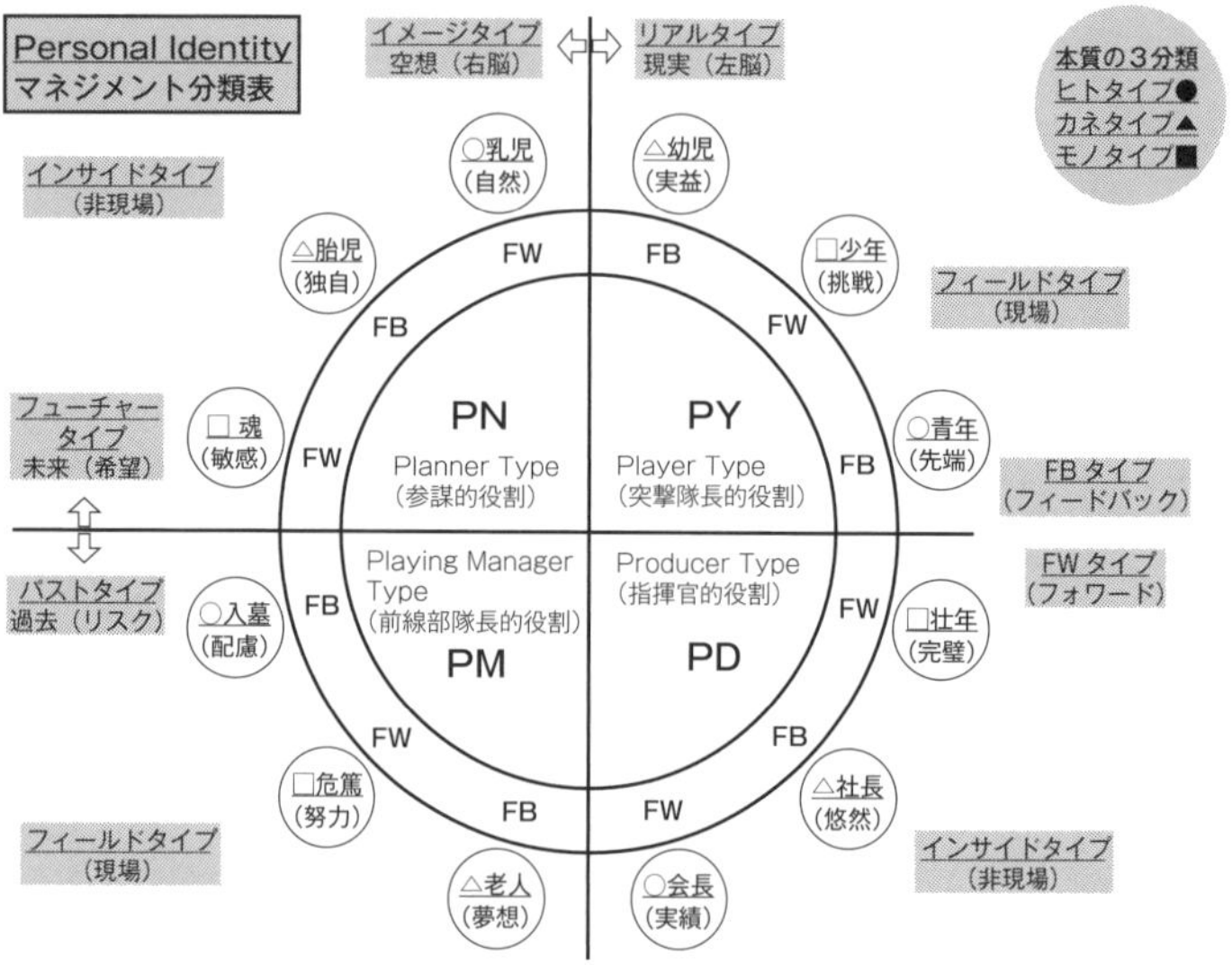

どの部署にどんな人財が不足しているのか？

ＰＩ分析を活用すると、人財を採用する際の基準が明確になります。ＰＩ分析によって、組織の強みや弱みが見えてくるため、会社の弱い部署をどのような人財で補強すれば良いのかがわかるのです。

例えば、経理部に「プレイヤータイプ」（ＰＹ）が増えると、ミスが多くなります。プレイヤータイプは、現場に向いているタイプで、デスクワークとルーチンワークが苦手だからです。計算能力が高く、数字も強い傾向にあるため、経理に適しているように見えるのが落とし穴です。このタイプは、毎日単調で同じことを繰り返すのが苦手なタイプなので、仕事に飽きて自分流の数字（組立て）を作るようになることがあります。最悪のケースでは、気づかないうちに粉飾決算のような資料にまで発展する危険があるため、定期的なチェックが必要になります。

他には、人事部には「プロデューサータイプ」（PD）が向いています。このタイプは、全体のバランスを考えながら人事判断ができるタイプだからです。しかし、組織や会社のルールに従順で、0か100かで考える「リアルタイプ」（左脳）なので、部下に対して上からズバッと決めつける傾向があります。

人事部がこのプロデューサータイプだけだと、部下の気持ちがわからず、部下がついていけなくなり、トラブルに発展することがあります。そのため、「プレイングマネージャータイプ」（PM）も配置する必要があります。このタイプは、人の気持ちを察するのが得意な「イメージタイプ」（右脳）でもあり、段取りと根回しが得意で、周りに気を遣うことができます。プロデューサータイプの上司が出した指示を、現場でどうやって落とし込むかを考えられるため、現実的な人財配置を実施できるのです。

このように、PI分析を活用すると、現在の部署ごとの体質や特徴を明らかにすることができます。そして、部署ごとに必要な人財がわかるため、採用時に欲しい人財の適性が明確になり、迷うことがなくなります。

多くの会社は感覚的に採用しているため、会社の人財バランスが崩れてしまうのです。

そのため、知らず知らずのうちにトラブルに発展することも多くなります。その点、ＰＩ分析では明確な基準があるため、仮に配置してうまくいかなければ、すぐリカバリーをすることも可能です。

社員の「好きなこと得意なこと」で人事配置を

これまでの人財配置や採用で上手くいかない原因は、はっきりした基準や根拠がなかったことです。そして、残念なことですが、従業員が好きなことを会社が考慮して配置することはありませんでした。

従来のやり方とは異なり、ＰＩ分析では、自分の個性に合った仕事に配置します。強みと才能と適性を考えた上で、好きで得意な仕事に人財配置するのです。このように配置するメリットは、本人が好きで得意な仕事だと、多少つらくても長く仕事を続けられることです。

そして、高い目標を達成するモチベーションにもつながります。さらに、結果が出ると楽しくなり、喜びも多くなるため、好きなことで役に立っているという実感が湧いてくるのです。このように好きで得意な仕事をすることは、使命につながる生き方にもなると言えるでしょう。

では、実際にＰＩ分析を導入する方法を説明したいと思います。

まず、仕事には、本人の価値観が影響するため、ヒト・カネ・モノの３分類に分けていきます。この３タイプは価値観の違いであり、本人の好き嫌いに大きく影響するため考慮することは必須です。仕事とマッチすればやりがいが生まれるため、個性の中心とも言えるでしょう。ちなみに、私が行う企業向けのチームビルド研修でも、最初にこの３タイプにチーム分けします。

次に、同じタイプの中でも４タイプの性格があり、３タイプ×４タイプで「役割分担12分類」に分けることができます（■先述した円マップを参照）。そして、能力に合った職務適性を決めていきます。営業的部門・管理的部門・開発的部門などの10項目に、言わば根拠がある個性のデータの基に割り振っていきます。職務適性の棒グラフが長い順に上から並んでいるため、その人に合った職務適性がはっきりと明確になります。

Personal Identity 分析「職務適性の系統別評価」

順位	部　門	評　価
1	営業的部門（新規開拓）	
2	営業的部門（ルートセールス）	
3	製造的部門	
4	広告・宣伝的部門	
5	開発的部門	
6	サービス的部門	
7	事務的部門	
8	管理的部門	
9	企画・立案的部門	
10	基礎研究的部門	

　このように、ＰＩ分析では本人の好きで得意な仕事を考慮して部署を決めていきます。その結果、「働かないおじさん」を生み出すことなく、会社にとっても働く社員にとっても全員が幸せになる人財配置は実現できるのです。

「担当者の個性」と「顧客の個性」で数字は変わる

　営業担当者と顧客の個性（相性）によって、大きく売上は変わります。なぜなら、売れるかどうかは商品の良さだけでなく、営業担当者の演出やコミュニケーションによって決まるからです。

　ＰＩ分析では、売り手と買い手の相性

P販売会社の営業実例（個性の一致）

<高額商品を扱う寝具メーカーP社の販売員と顧客の個性（相性）調査>
誰から購入するか、誰に販売するかという相性関係による成否を 800 名の販売員の中からトップセールス 20 名と成約した 1700 名に対する調査結果。

A ＼ B	本質３分類の一致		役割 12 分類の一致	
	通常確率	実際確率	通常確率	実際確率
ヒトタイプグループ	7.5%	22.5%	40.0%	74.0%
カネタイプグループ	11.2%	16.8%	58.0%	69.6%
モノタイプグループ	5.6%	7.3%	38.0%	49.4%

A … ３分類別トップ販売員
B … 成約した顧客（Aとの共通項）

※12 分類が一致する場合の成約率は、通常確率よりヒトタイプは 1.9 倍、カネタイプは 1.2 倍、モノタイプは 1.3 倍と高くなります。

も知ることができます。顧客と営業担当者の個性（相性）が合っている場合、成約率が34%アップしたというデータが出ています。

顧客の基本的なタイプは、「話し方」からわかります。例えば、ヒトタイプの人は、「起承転結」のストーリーで話すため、結論が最後で話が長くなる傾向があります。逆に、カネタイプの人は、最初に結論を言うため、「結起承転」の順番で目的から簡潔に話をします。また、モノタイプの人は、感性から感覚で話をするため、説明が足りない傾向があり、「これ・それ・あれ・どれ」などの『こそあど言葉』（指示語）を多用します。

このように、相手の話し方だけでも顧客がヒト・カネ・モノのどのタイプかを見極めることができます。顧客のタイプがわかったら、相性のよいタイプの営業担当者を割り振ります。単純なことですが、これだけで大きく成約率が変わります。

もし、営業担当者の数が少なく、顧客ごとに営業担当を変えることができない場合でも安心してください。それは、営業担当者と顧客の相性が良くなくても、顧客のタイプによってセールストークを変えるだけでも、成約率を高めることができるからです。それに対して、多くの会社では、すべての顧客に同じセールストークをするように指導しているのが現状です。

例えば、ヒトタイプの顧客は、売り手の人柄を見てから買うかどうかを判断します。商品の良さが普通だとしても、営業マンの人柄で買うタイプです。逆に、カネタイプの顧客は、価格と商品のスペックのバランス、つまりコストパフォーマンスを重視します。仮に、商品価格が高くても、それ以上に品質が良ければ買う傾向があります。そして、モノタイプは、売り手自体の背景を気にします。商品が有名かどうかや大手メーカーが販売しているかなどのステータスや認知度を重視するのです。

このあたりの情報をふまえた上で、最適なセールストークを選ぶと、売れるようになります。自分自身が言われて響く言葉、態度（仕草や振舞い）、話の進め方や意思決定の重要な要素が一緒なので、当然購買意欲につながるわけです。実はトップセールスの人は、無意識にこれをやっています。実際に、私は数々の成績の悪かった営業チームを売れるチームに変えてきました。

あるプライベートブランドの化粧品を展開するメーカーの実例を紹介します。この会社では成績順にチームが組まれ、最下位のチームが半年間の営業強化チームに選ばれます。そして、成績向上のために外部講師を迎え、徹底した営業スキルアップの強化を教え込まれていました。２年近く営業の基本や、プレゼンテーション能力、交渉力や提案力など、売上をアップさせるための外部研修を実施したのです。しかし、社内に十分なノウハウも無かったため、業績は思うように伸びず、スタッフが退職する事態になった頃、A社長から相談を受けました。

私が行った営業研修では、最初の１カ月間は、営業スキルではなく、「自分と相手の個性を知る」ことを徹底させました。価値観の違いや、響く言葉、演出やコミュニケーションの取り方の違いを知っただけで、このチームはその日から営業に活かしていきました。３カ月も経たない内に、各自の成約率が20％以上も上がり始め、半年後には全員の業績が上がり、チーム目標を達成したのです。その後、A社長は、営業のノウハウやスキルアップをそれぞれの個性に合わせた育成に変えました。そして、これまでの成績順で決めていたチーム編成を、顧客の個性に合わせた戦略的なチーム作りに変えたところ、2年間で売上が3倍になったのです。これは、個性の一致が成約率を何倍にも変えた例です。

営業の場では商品のみならず、それぞれの個性に合わせた演出が大きな役割を果たします。商品は営業の演出の仕方次第でその何倍にも素晴らしく感じられるようになります。ヒト・カネ・モノの3タイプだけでも成果は変わりますが、実際にはさらに細かく分けた個性の役割12分類別に営業戦略を作ります。

このように、顧客の個性に合わせたピンポイントの戦略的営業を行うと、大きな成果を上げることができるのです。

事業コンセプトを「経営者の個性」に寄せる

現在、会社の事業承継が盛んに行われていますが、創業者と2代目社長の個性の違いからトラブルに発展することもあります。なぜなら、創業者が作った事業コンセプトと2代目社長の個性が一致しない場合があるからです。その時には、2代目社長の個性に事業コンセプトを近づける必要があります。

そして、事業承継と同じくらい大切なのが、幹部の人事です。経営者と大まかなタイプが一緒で、異なる能力を持った幹部を人財配置すると成功します。しかし、ほとんどの企業では社長と幹部の相性まで考えていないのが現状です。

建築事業を総合的に行うクライアント企業の事例を紹介します。Ａ社長は現場上がりの「プレイヤータイプ」の中で「勝負師（短期）」というタイプでした。円のＰＩ分類表では、右上に位置しています。それに対して、Ｂ専務は同じ「勝負師（長期）」タイプでも「プレイングマネージャータイプ」でした。ＰＩ分類表では、Ａ社長の対角線である左下に位置しています。

Ａ社長は、現場のたたき上げの経営者で、現場の職人さんのモチベーションアップが得意でした。Ｂ専務は、根回しや仲間づくりの能力を持っていました。そのため、Ａ社長が苦手だった公共事業を取ってくるための能力が備わっていました。公共事業の仕事を受けるには、粘り強い価格交渉ができることや、自社では出来ない専門的な分野の工事が出来る会社と協力するチーム作りの能力が必要だからです。

Ｂ専務の交渉力や仲間づくりの能力のおかげで、アスベスト除去の公共事業の仕事を取ることができるようになりました。従来は実現しなかった公共事業の受注を、業界内で取りまとめるリーダー格となれたのです。

その結果、B専務が取ってきた公共事業をA社長が現場を活気づけながら仕事をするという良い連携プレーの流れができたのです。2人の「勝負師」タイプがいることで、中長期的に公共事業を続けることが可能になりました。このように、社長と幹部の相性がマッチングすることで、会社の業績に大きな変化が起こることが多いのです。

経営者の右腕に最適な「プレイングマネージャータイプ」（PM）の人財

経営者の右腕には、プレイングマネージャータイプを人財配置するのがベストです。なぜなら、このタイプはリスクマネジメントのプロであり、サポート力やビジネス感覚が優れているからです。

あるゲームソフト開発会社で、プレイングマネージャータイプが活躍した事例を紹介したいと思います。この会社のA社長は「プランナータイプ」（PN）で、考えることと商品開発が得意な人でした。ただ、ゲームソフトの著作権や特許などの権利などの細かい調査などは苦手であり、会社では手つかずでした。

あるとき、開発していた新しいゲームのキャラクターが著作権の問題で訴訟されそうになる事件が起きました。理由は、海外にゲーム開発を委託しており、当初考えていたキャラクターがどんどん変化していき、既存のキャラクターに酷似してしまったのです。このような事案が起こったため、Ａ社長は慌てて私にコンサル依頼をしてきました。

私は、すぐに全メンバーのＰＩ分析を行い、社長の右腕にプレイングマネージャータイプの人財を配置してはどうか、とＡ社長に提案しました。そこで、Ａ社長は右腕の人財に、プレイングマネージャータイプのＢ部長を配置し、権利関係を調査する部署を作ったのです。新しく開発するゲームの権利を徹底的に調べる体制を整えました。

結果、新設した権利の調査部の噂が大手のゲームメーカーの耳に入り、会社の信用力がアップし、安心した大手の会社からゲーム制作の依頼が殺到したのです。何と、短期間で年商４億円から一気に年商30億円まで増えたのです。

もう一つ、プランナータイプの右腕が活躍したエピソードを紹介しましょう。ＴＶＣＭを制作する広告代理店のＢ社長は「プロデューサータイプ」（ＰＤ）の人でした。そこで、ブレーン的なプランナータイプをヘッドハンティングするよう提案しました。

ちょうど私の知り合いに個人事業主のデザイナーでプランナータイプのＣさんがい

たので、入社してもらったのです。Cさんはアイデアが豊富で、クライアントへの提案がうまく、センスの良さが光っていました。Cさんが入社後、社内で制作するCMのクオリティが劇的に向上しました。力を入れたCMでは、ロサンゼルスで撮影するなど海外ロケも実施するようになりました。

また、Cさんは B社長が苦手とする人の手配や管理が得意だったので、CMのキャスト選びも上手にこなしました。視聴者への見せ方もうまく、企業のセールスプロモーション動画のクオリティの高さがクライアントから絶賛されたのです。適正価格で提供した高品質なサービスが受け入れられ、何とクライアント数が10倍以上になり、売上も10倍まで増えたのです。

このように、会社の右腕の人財配置には、社運がかかっていると言っても過言ではありません。PI分析なら社長と右腕の最適な組み合わせがわかるため、理想の組織の根幹を作ることができます。社長と右腕の相性によっては大きな成果が左右するため、会社の生命線と言えるでしょう。

第6章

30人中 17人のリーダーの配置換えで売上3倍！

常連客が主体の店舗のリーダーに「ヒトタイプのプレイングマネージャー（ＰＭ）型」を配置して売上3倍に！

ヒトタイプの中でも、接客に向いているＰＭ型（配慮）は、相手の気持ちを思いやり、会話を大事にするという特徴があります。お客様と接する飲食業にとても向いているタイプと言えるでしょう。

外食チェーンで人口30万人のベッドタウンに店舗を構える企業での話です。知人のご縁から私に人財配置の相談がありました。ＰＩ分析を行ったところ、店長の個性と店舗の特徴がマッチしてないことが判明しました。その後、分析結果を参考に、30店舗中17店舗の店長をヒトタイプへ配置転換することで、売上が1年で3倍になりました。

なぜ、ヒトタイプの店長に配置換えをすることで、売上が上がったのでしょうか。

ヒトタイプ・ＰＭ型（配慮）には、相手の気持ちを思いやる、という特徴があります。このタイプは、気さくにお客様や従業員に話しかけ、幅広い年齢層の方と会話するのが上手です。従業員とは、世間話から大事な仕事に関わる話まで、コミュニケーショ

ンを取ります。常に見境なくしゃべるというわけではなく、相手の状況を見た上で、思いやるような声かけもするのです。特に、人付き合いが大切な郊外型の店舗には、このタイプの店長が合う傾向があります。

例えば、お客様のテーブルまであいさつに行き、会話に花を咲かせます。そして、会話の中から顧客ニーズをキャッチし、問題点を見つけたら、すぐに解決するのです。お客様や従業員との垣根がなく、心温まる付き合いをするので、お店には自然と和気あいあいとしたアットホームな雰囲気が生まれます。店長は、自店舗だけでなく、周辺の商店街や近所の飲食店にもあいさつをして周りました。異業種交流会も大好きで、他の飲食店や他業種の店舗の人たちとも、積極的に交流しました。

このように、従業員、お客さん、他店舗の経営者と会話をすることで、店長にはさまざまな情報が集まります。もともと店舗には、地元の20代から30代の主婦が1人や2人で来ていましたが、店長のコミュニケーション力に惹かれて、ママ友のグループや女子会、地域のバレーボールチームや家族連れなど、団体のお客様が増えていきました。そうして、徐々に口コミが増え、3カ月ごとに客数と客単価が比例して増えていき、業績が1年で3倍になったのです。

地元客の多い郊外店舗は、客層が固定化し、なかなか客数や売り上げ単価が伸びない傾向があります。今回のケースは、コミュニケーション能力の高いヒトタイプ・PM型（配慮）の店長を配置することで、業績を伸ばすことができた好例と言えるでしょう。

競合飽和地域のリーダーに「カネタイプのプレイヤー（PY）型」を配置して地域NO・1店に！

カネタイプ・PY型（実益）は、短期間で勝負し、ベストを尽くすタイプです。とっさの判断や先手を打つ機転に優れており、市場調査がとても上手な人財と言えます。

このタイプは、競合が多くいるほどモチベーションが高くなり、能力を発揮する傾向があります。

競合の多い地域にもかかわらず、カネタイプ・ＰＹ型（実益）の人財を配置して地域ＮＯ・１店となった外食チェーン店の事例を紹介しましょう。

カネタイプ・ＰＹ型（実益）のＡさんは、新しく店長に配属になったので、周辺のライバル店の市場調査を行いました。ライバル店の強みと弱みを徹底的に洗い出すことで、自店の強みを明確にできると考えたのです。そして、ライバル店にはない強みを活かした戦略を考えて実行しました。

例えば、ライバル店の弱点は、「駐車場が狭いこと」「メニューの種類が少ないこと」だとわかりました。そこで、Ａ店長は、豊富なメニュー数で勝負することを考えて、新しいキャンペーンをスタート。週末や季節の変化でメニューにバリエーションをつけ、お客様を飽きさせない工夫をしました、特に夏のキャンペーンでは、かき氷やアイスのバリエーションを増やしたのです。自宅でもかき氷が作れるようなオリジナルグッズも販売しました。

さらに、セットメニューだけでなく、定番メニューにも自由にトッピングを追加できるようにしました。ライス、サラダ、スープ、肉、スイーツ、寿司などを組み合わせる事が可能になったのです。洋食店にも関わらず、寿司を提供したため、お客様のお得感を演出しました。

また、子どものような無邪気なA店長は、遊び心満載のメニューを次々と開発。このメニューは子ども達に大人気で、家族連れのリピートを誘発したのです。普通ではあり得ない「生ハム×メロン」などの斬新なメニューは、話題になり、多くのメディアでも取り上げられました。

このように、ライバル店よりも斬新なキャンペーンを続けた結果、地元の人たちに愛される地域NO・1店になりました。その後、他のフランチャイズ店舗でも、A店長のメニューが採用されて、グループ全体の売上が伸びたのです。

集客が弱い店舗のリーダーに「モノタイプのプランナー（PN）型」を配置して繁盛店の調査を強化したところ、全国レベルの行列店に！

先ほどの外食チェーン店の変革の話はまだまだ続きます。30店舗のうち17店舗の店長の人財配置を行ったと書きましたが、来店数が少ない店舗には、特にモノタイプ・PN型（敏感）を配置しました。その人財配置が功を奏して、全国からお客様が足を運ぶような行列店も登場したのです。

ある行列店を作った立役者は、30代前半のA店長。プレゼンやアピールが非常に上手いプランナータイプの人財です。別名モノタイプ・PN型（敏感）と呼びますが、勘が鋭く、フットワークが軽いという特徴があります。A店長は、他店の繁盛店調査を強化し、自店の改善を行いました。

A店長が行列店になるために行った施策は、主にメディア戦略です。これは、拡大を強く意識するモノタイプらしい発想と言えるでしょう。地元メディアで放送していた短時間のお店紹介コーナーから、全国放送の『水曜どうでしょう』や『モヤモヤさまぁ～ず』といった番組まで、店長自ら幅広くテレビ出演したのです。積極的に番組出演のアプローチをかけ、自分で率先して雑誌の取材も受けていきました。

その結果、次第にグルメ雑誌にも掲載されるようになりました。取材時には、番組のステッカーや出演するアナウンサーやタレントのサインをもらい、お店の目立つところに掲示しました。つまり、自らメディアに出ることで、話題作りを絶やさない工夫をしたのです。A店長の努力がお客様を呼び、駐車場は常に一杯になり、地域の行列店へと成長しました。

このように、集客に弱い店舗では、モノタイプ・PN型（敏感）の店長が活躍します。このタイプは、メディア戦略で一気に人を集めることが得意です。A店長を配置することで、メディア露出が増えたため、全国的にも注目される店舗に発展したのです。

お客様は家族だと思う「ヒトタイプ・リーダー」の接客マニュアルで常連客獲得

ＰＩ分析の結果を活用して、お客様の個性別に接客マニュアルを作って大成功した会社があります。都内を中心に出店するブライダル系アクセサリーを販売する創業60年の宝石会社です。この会社は、常連客の心をがっちり掴むことで紹介が紹介を呼び、年商20億円まで成長しました。

この宝石会社の女性社長は、私が行った常連客のＰＩ分析結果から、タイプ別接客マニュアルを作成しました。徹底的にＰＩ分析結果を活用し、お客様の行動、服装、会話から、各タイプに合った接客をスタッフに実施させたのです。常連客の満足度を高めることに成功し、紹介で次々と常連客を増やしていきました。

一例ですが、ヒト・カネ・モノの3タイプのマニュアルを作成しました。まず、ヒトタイプは「みんな」「家族」という言葉をよく使う傾向があります。接客マニュアルには、「アットホーム感を出すこと」「どんなことでも話を聞く丁寧な接客をすること」と記載しました。店内に観葉植物やアートを置き、自宅の居間のような雰囲気を出しながら、ハイセンスな器に高級のお茶を入れて手厚くもてなしたのです。次第にアクセサリーの話はそっちのけで、井戸端会議になりますが、親身になって話を聞き続けます。すると、家族親戚や知り合いの話になることも多く、自然と紹介が生まれて見込み客が開拓できたのです。

カネタイプは、流行に左右されず、自分の好きなものを買うタイプです。結論を先に聞くことを好み、無駄な話は嫌がります。そのため、長時間の接客は絶対にＮＧです。そして、「これは使えますか？」と実用性を確認する質問をします。値引きやおまけという言葉も大好きです。何か質問されたら即答できるような、つかず離れずの接客が効果的だとマニュアルに記載したのです。

モノタイプは、ブランド志向で、「絶対」とか「すごい」という言葉を好みます。そのため、お客様を褒めるときには、「すごいですね」という言葉を多用するとマニュアルに記載しました。権威性を好むので、「この商品は、パリコレのモデルが着ていました」と接客するのが効果的です。実際にパリコレで使用されたときの映像を見せたり、有名俳優が着用している写真などを店内などに飾ったりしました。

このようにタイプ別に最適化した接客トークや展示物など、店内にお客様の居心地が良くなる工夫を散りばめました。展示会の出店では、タイプ別にブースを分けて接客するなど、PI分析をフル活用した接客を実行したのです。

このように、戦略的にマニュアルを活用した結果、次第にお客さまの滞在時間が3時間を超えるようになりました。

すると、お客様から自然と「今度○○さんの息子さんが結婚するから、面倒見てあげてね」と言われるなど、自然に紹介が増えていったのです。

お客様の言動からPI分析でタイプを判別し、それぞれに最適な接客方法を選ぶことで、大きく業績を伸ばした好例と言えるでしょう。

結果を形にする「カネタイプ・リーダー」のキャンペーン戦略に地域のファンが急増！

カネタイプ・リーダーは、必ず結果を出したいタイプであり、職務としては販売や営業に向いています。価格と価値のバランスを考えて、お客様にお得感を出すことに長けているからです。

美容系の卸店を全国展開する会社で、カネタイプが活躍したエピソードをご紹介しましょう。この会社の主な業務内容は、美容用品を美容室やエステサロン向けに卸すことです。ヒトタイプの50代女性社長が経営しており、都心から地方まで多くの支店を構えて全国展開していました。

その会社でＰＩ分析を行い、コンサルティングの結果をすぐに実行に移したことで、新しい客層のファンを獲得し、売上１・5倍を達成できたのです。

今回の成功要因は、東京エリアの営業企画室長をモノタイプから、カネタイプへ配置転換したことです。そして、新しく就任したカネタイプの室長は主に３つの施作を行いました。

１つ目は、東京の自社ビルに全国の販売店のお客様を集めて、季節ごとに展示会を行ったことです。自社ビルの展示会では、お試しセットを準備して、実際に店舗で体感できるようにしました。これは、商品のＰＲに長けたカネタイプらしい発想と言えるでしょう。

２つ目は、商品パッケージを一新し、デザイン性を高めたことです。時代のトレンドを取り込んだ、シンプルかつオシャレなデザインに変更しました。

３つ目に行ったのは、新しい販売ルートの開拓です。従来は、美容室やエステサロンといった企業が主な顧客でした。いわゆるＢ to Ｂのみの展開でしたが、新しく通販やネット販売、オンラインサロンを開始し、個人を取り込むことに成功。オンラインなので、店舗を持つ必要がなく、低コストで高い利益率を達成できました。

カネタイプのリーダーの能力が発揮された結果、個人客をファンにすることで年商10億円から年商15億円へと大幅に増やしたのです。そして、BtoCのオンライン事業は、全社の売上の3分の1を占めるまで大きく発展しました。

礼儀礼節を重んじる「モノタイプ・リーダー」が5つ星仕様にして客層が向上

多くの企業では、商品やサービスの価格帯を上げたいというニーズが存在します。このように、「グレードアップ」したい時に活躍する人財と言えば、グローバルな感覚を持つモノタイプです。

私はちょうど同じ時期に、2つの飲食店から「グレードアップした店舗展開をしたい」という相談を受けました。

1つ目の飲食店は、2店舗を経営するイタリアンレストランでした。60代のオーナーシェフは、本場イタリアで修行し、日本帰国後は20年以上高級ホテルで腕を振るっていました。独立後は、1店舗あたりスタッフ15名を抱えるイタリアンレストランを経営。これから3店舗目の出店を計画しているときに、相談があったのです。

すでに出店していた2店舗は、ファミリーに人気のあるカジュアルな雰囲気の店舗でした。3店舗に対するオーナーの要望は、自身がイタリアで修行した店のように、伝統的で重厚感のあるレストランを作りたいとのことでした。

そこで、私はモノタイプを配置することを提案しました。モノタイプの場合、店構えからこだわって考えるからです。実際に、モノタイプのA店長をヘッドハンティングしました。

A店長は、さっそく調度品を集め、本場の雰囲気を研究し始めてくれました。また、地域の認知度を上げるために、デリバリーを開始し、メニューを充実させました。お店のブランドイメージの向上を狙って、オリジナルのドレッシングを作り、ネット販売もスタート。

こうしたA店長の数々の施策が功を奏し、メディア掲載や口コミで認知され、オープン当初でも苦労せずに集客できたのです。

2つ目の飲食店は、1杯ワンコインのワインバーでした。オーナーは、すでに12店舗にまで事業を広げていましたが、経費がかさみ利益を圧迫し、頭を抱えていました。

経営を建て直すため、店舗数を半分に減らそうとしている時に、私に話が来たのです。

ＰＩ分析の結果、残った6店舗の営業を統括するリーダーとして、私はワインソムリエをしていたモノタイプの男性Ａさんをヘッドハンティングしてきました。高価格帯にグレードアップするには、モノタイプがベストだからです。

Ａさんは、残った店舗のコンセプトをガラリと変えて、1杯1500円から1万5000円までの高級ワインを取り揃えました。

当時は、ちょうど世間でワインが流行り始めた頃。有名なソムリエでもあったＡさんは、作家や著名人とのつながりを活かし、お店で飲む様子を撮影し、メディア戦略を成功させました。

また、店舗の立地が良くない店舗は、隠れ家バーとして展開しました。Ａさんは、各店舗を周ってお客様にあいさつすることも忘れませんでした。

次第に、口コミや紹介が生まれ、著名人たちから、自宅用のワインの注文も入るようになったのです。

徐々に売上が増えていき、店舗を半分に減らした当初の10倍の売上を達成。店舗への初期投資は、たった3年で回収できたのです。

このように、モノタイプのリーダーは、商品や店舗だけでなく、客層までグレードアップさせることができます。モノタイプの手にかかると、すべてが5つ星仕様に生まれ変わるのです。

第7章

売上がどんどん下がる！
やってはいけない配置転換

個性無視で配置転換した会社の末路

年功序列の日本型マネジメントは、会社の業績を低迷させることがあります。年功序列の人財配置は、個性と実力を全く無視しているからです。そもそも、モチベーションを下げ「働かないおじさん」を生みやすい構造になっているのです。

具体的な事例だとわかりやすいので、創業50年の通信設備会社の2代目社長に起こった出来事を紹介しましょう。70代の創業社長は、50代の息子の2代目、A社長に事業継承しました。A社長は、会社では10年間現場の設備工事の業務を経験したタイミングでした。

A社長に代替わりして5年が経った頃、社内の役職は、先代の頃から在籍している古参社員で固められていました。総務部長も人事部長も30年以上のベテラン社員で、同じ部署から昇進する「ザ・年功序列」という組織です。

大きな課題は、多くの若い社員が退職していったことでした。新入社員は入社して成果を出しても、上層部の役職が詰まっているため、やりがいを感じる事が難しいのです。年数が経たないと昇進できず、ベテラン社員の割合が多くなります。そのため、ＩＴ技術が競合より10年以上遅れており、大手の案件は受注できません。

私の講演会を聞いてくれたA社長から、「会社が何ともならない状況です。何とか解決できませんか？」と相談があったのです。ＰＩ分析を行った結果、先代の右腕がモノタイプ・ＰＮ型（敏感）であり、２代目社長も同じモノタイプでプロデューサー（ＰＤ）型（完璧）だと判明しました。

モノタイプは、実は年功序列を否定できない個性です。ＰＩ分析の結果から、社内で問題が放置され続けたのは仕方ないと納得しました。私は、A社長に「競合他社に10年遅れを取っていますよ」「人事は年功序列で行なってはダメです」とあえてはっきり伝えました。なぜなら、A社長が就任してから5年間で全社員３００人のうち60人が退職したという危機的状況だったからです。しかも、30代から40代のいちばん戦力になる社員が辞めていました。ほとんどの社員が20年以上働いても係長までしか出世できないのですから、無理もありません。就任して5年間は業績の低迷が続きましたが、私がコンサルに入ってからの5年間でA社長は会社を立て直しました。

実際に行った具体策は、役職についていた古参社員を、専門的な経験や個性を生かせるアドバイザーに配置転換したことです。その代わりに、若い30代から40代の優秀な社員にどんどん役職を与えました。会社は、実力があれば出世できる組織に生まれ変わり、活気が戻りました。

この会社の事例でもわかる通り、年功序列は社員モチベーションを下げる人財配置です。会社にいるだけで出世するのですから、当然と言えば当然でしょう。若手社員は、上司に気に入られることだけを意識するようになり、気がつくと上司と同じ個性の人財ばかりが残るのです。その結果、社員の個性は単一になります。脆弱な企業とは、多様性を失った組織です。なかなか、社内の人間からは気づかないので、注意が必要です。

NO・1営業マンをリーダーにしてはダメな理由

多くの企業でやりがちな人財配置は、トップセールスマンを部下育成の役職に異動させることです。しかし、私はNO・1営業マンで活躍した人を営業マンの育成リーダーにする人財配置は、やってはいけない人事NO・1だと考えています。これは、プロ野球選手として結果を残しても、コーチや監督で成功するとは限らないのと同じ

です。トップ営業マンのスキルと部下育成のスキルは、まったく異なるからです。

ある自動車のディーラーのトップ営業マンだったAさんのエピソードで説明したいと思います。Aさんは、所属する営業所の売上全体の6割を一人で叩き出すスーパー営業マンでした。営業所には20人の営業マンが在籍していましたが、何と一人で残り19人の営業売上の合計を超えていたのです！　これだけでも、Aさんの実績のすごさが伝わると思います。

Aさんは、地域NO・1の業績はもちろんのこと、関東地方でもNO・1の実績を出していました。PI分析の個性は、モノタイプ・PY型（挑戦）であり、まさに営業が天職と言っても過言ではありません。このタイプは、自分の考えや取り組みを徹底的に実行できる人です。

また、モノタイプは、礼儀を大切にします。経営者のお客様の創業記念日にはプレゼントを贈るなど、必ずフォローを欠かしません。そのため、有言実行するAさんは年上の社長たちから大変可愛がられていました。そして、飲み会や交流会にも顔を出したため、紹介が紹介を呼びました。法人相手のため一件の取引も大きく、一気に売上が増えたのです。

このように常に営業所のトップ営業マンを走り続けていたAさんに、会社は部下の育成を行う管理職のポジションを与えました。プレイングマネージャーではありましたが、Aさんは大好きな営業に割ける時間が大幅に減りました。それに引き換え、部下のクレーム対応のフォローに回る時間が増えたのです。敏腕営業マンのAさんは、部下に対して「自分だったらそんなミスはしないよ」と叱責するようになりました。そのうち、アドバイス通りに実行できない部下たちにストレスが溜まり、どんどん仕事が嫌になっていったのです。

もちろん、数人の部下は売れる営業マンとして育ちました。しかし、会議などの雑務も増えていたため、Aさんのモチベーションが大幅に低下し、能力が発揮できず「働かないおじさん」になってしまいました。「やはり、営業マンに復帰したい」という気持ちが日に日に大きくなり、保険業界に転職を決意したのです。

保険営業マンとしてもAさんは、持ち前の才能を発揮しました。ディーラー時代の社長たちの協力もあり、１年も経たないうちにトップ営業マンになりました。保険の営業マンなら憧れるＭＤＲＴを何回も取得し、永久ＭＤＲＴで表彰されるまでの大きな結果を出したのです。

Ａさんの華々しい活躍とは対照的に、ディーラーの営業所にとっては大きな痛手でした。Ａさんの退職後は、営業所の売上が半分に減ったからです。営業所長は売上ダウンの責任を取らされ、違う地域の営業所に左遷されました。

トップ営業マンを部下育成のリーダーに配置して失敗する企業は、後を絶ちません。トップ営業マンが育成できないと、上司からは「どうして育成できないの？」と責められ、社内評価も下がります。こうやって、次第にトップ営業マンがやる気を無くすのです。私はあらゆる業界で多くの悲劇を見てきました。もちろん、多くの部下をトップ営業マンに育てたい気持ちもわかりますし、そうなったら素晴らしいことです。しかし、トップ営業マン本人の個性を考えたうえで人財配置を行わないと、全員が不幸になる悲惨な末路が待っています。

人事部長に〝人を見る目〟があるとは限らない

会社の中で人事部長はとても重要なポジションです。そのため、どのような人財を人事部長に配置するかによっては、会社が危機的状況に陥ることもあります。なぜなら、人事部長に配置してはいけない個性もあるからです。

ある大手リース会社で実際に起こったエピソードを紹介します。その会社の人事部長のＡさんは、社歴30年のベテランで、私のＰＩ分析の説明を聞いた後、「こんな分析は必要ない。私には長年の経験で培ってきた人を見る目があるからだ」と完全否定しました。

そこで、ＡさんをＰＩ分析したところ、モノタイプ・プレイングマネージャー（ＰＭ）型（努力）だということが判明しました。実は、このタイプは人事部長にしてはいけないタイプなのですが、本人に言っても聞く耳を持ってもらえるはずがありません。

実は、このリース会社では、公共事業も受注している関係で、いわゆる〝天下り〟

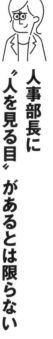

も受け入れていました。天下り社員を重要ポストに登用したしわ寄せで、元々いた生え抜き社員を異動させていました。このような無理な配置転換で、役員や役職者のモチベーションが低下し、強い不安とストレスが増大していったのです。

社内には「働かないおじさん」どころか、「働きたくても働けない、メンタルケアが必要なおじさん」社員が増え、あらゆる問題が山積みになりました。しかし、人事部長のAさんは「天下り＝会社を存続させるための政略人事」と考えており、悪気も罪悪感もありません。そして、自社役員の家族、関連企業の社長の息子など、どんどんコネ採用がエスカレートしていったのです。

ただ、Aさんは当然ながら採用後の配属には苦労していました。理由は、コネ入社の新人を育てる人がいなくなり、コネ入社の社員が孤立したのです。このように、個性や能力を無視した採用を続けた結果、会社の業績は悪化していきました。人事部の責任で社員のリストラを断行し、最終的には人事部長であるAさん自身も解雇されてしまったのです。

Aさんは、5年間人事部長を務めていました。退職する際には、色々と深い話もできたのですが、最後まで「私には見る目があります」と考えは変わりませんでした。

この会社で起こった一連の悲劇は、人事部長の資質に最も適さないモノタイプ・P

M型（努力）のAさんを配置したことが原因です。

このような「人罪配置」による損失は、計り知れません。私は、日本中の企業で起こっている悲劇を回避したいと考えています。

過度の「能力重視」がチームを3カ月で崩壊させた

能力主義のカネタイプ・プレイングマネージャー（PM）型（夢想）は、仕事が出来るため、会社の評価が高い人財です。一方で、出来ない部下を軽視する傾向があり、確認せずに部下の責任にしてトラブルに発展することも多くあります。

あるイベントプロデュース会社の社長は、業界で力を持っていたため、国際的な大きな展示会の仕事を入札しました。そこで、新たなプロジェクトチームを結成する必要がありました。社長は、営業成績トップの45歳男性のAさんをプロジェクトリーダーに配置しました。Aさんの仕事は、各分野の専門家たちをマネジメントすることでした。

しかし、多くの専門家は話すのが苦手です。そのため、Aさんは、専門家の間に入って円滑なコミュニケーションをサポートする必要がありました。しかし、AさんはPI分析ではカネタイプ・PM型（夢想）で、間を取り持つことが苦手なタイプだったのです。

案の定、Aさんは専門家たちと少し話しただけで、「できない奴だ」と勝手にレッテルを貼りました。Aさんの独断で、次々とチームの専門家たちを交代させてしまったのです。その様子を見ていた展示会の運営会社が、頻繁なメンバー交代を不安に思い、最終的には、Aさんのいる会社を担当から外してしまったのです。

その話を聞いた社長は、慌ててフォローに回りました。売上の大部分を占めていた今回の仕事がなくなるのは、大きな痛手です。もともと業界の中でも人望が厚いと評判の社長だったので、その3カ月後には仕事を取り戻し、事なきを得ました。

今回のケースでの失敗の原因は、部下とのコミュニケーションが苦手なAさんをリーダーにしたことです。確かに、イベントプロデュースのセンスはありましたが、今回のような長期間のプロジェクトの場合、能力よりも周りとのコミュニケーション能力を重視すべきだったのです。

その後、社長はリーダーをAさんからヒトタイプ・PM型（配慮）のBさんに交代させました。その結果、プロジェクトは大成功で終えることができたのです。

このように、能力だけを基準にチーム編成をすると、長期プロジェクトで失敗します。特に、長期間のプロジェクトでは、人間関係が極めて重要であることを覚えて頂きたいと思います。

「好奇心タイプ」は「管理部門」を混乱させる

ヒトタイプ・プレイヤー（ＰＹ）型（先端）は、流行に敏感で新しい情報を取りに行く人です。私は「突撃隊長」と呼んでいますが、後先を考えずに行動し、優先順位がバラバラになる傾向があります。そのため、明らかに管理部門が向いていません。もし、管理部門に配置してしまうと、頻繁にトラブルが起こるので注意が必要です。

ある人材派遣会社では、ヒトタイプ・ＰＹ型（先端）のＡさんを管理部門の部長に配置していました。新しい情報を集められるＡさんは、管理部門の部長には最適だと考えて抜擢したのです。ちなみに、営業が得意な社長だったので、設立1年目にも関わらず、クライアントは１００社を超えていました。

案の定、突撃隊長で管理部門に向いていないＡ部長は次々とトラブルを起こしました。例えば、社内規程を無視して、新しいシステムや会計ソフトなどを次々に導入しました。そもそも、総務部などの管理部門の仕事は、労務で従業員が安心できる環境を作ることです。しかし、A部長が導入した新システムをスタッフが使いこなせずに、事務的なミスが頻発。そのため、派遣社員の登録人数が低下し、クライアント数に対してギリギリの人数まで減ってしまったのです。

設立3年目には、とうとう派遣社員の登録数の最低ラインを割ってしまい、派遣会社としては経営が危機的な状況に陥りました。労働条件や派遣先とのやり取りもずさんになり、どんどん派遣社員が登録を解除したのが原因でした。A部長が優先順位を間違えたために、最も大切な業務がおろそかになっていたのです。

そんなときに社長から私に相談があり、派遣社員たちのPI分析を徹底的に行ってみると、登録されている人財のほとんどが一般事務に向いていました。ニーズのある専門職に向いている人財は皆無でした。つまり、派遣社員のコモディティ化が起こり、クライアントの要望に応えることが出来ない体質だと判明したのです。気がついたら、特徴のない派遣会社になっていました。

そこで、A部長には自分の能力が活かせる他の部署に異動してもらいました。社長は、新しい部長にはカネタイプ・PM型（夢想）のBさんを配置しました。このタイプはプレイヤーとしても優秀ですが、管理部門にも向いており、Ｂさんのおかげで危機的状況を回避し、Ｖ字回復を果たしたのです。

私は、最悪のケースを免れて安心しました。今回のケースでもわかるように、くれぐれも、好奇心のあるヒトタイプ・ＰＹ型（先端）を管理部門に配置するときには注意が必要です。

「目的タイプ」は「サービス部門」を低迷させる

カネタイプ・プロデューサー（ＰＤ）型（悠然）の特徴は目的追求型と言い、お客様のサービス部門にはあまり向いていません。なぜなら、目的追求型は自分の納得を優先し効率や合理性を重視するあまり、融通が利かず、お客様の気持ちを汲んだコミュニケーションが苦手だからです。

あるビルサービス会社で起こった事例を紹介します。カネタイプ・ＰＤ型（悠然）の50代男性Ａさんは、営業部長からサービス全体を統括する部長に就任しました。ビルサービスの仕事は、ビルの清掃・駐車場の環境整備やメンテナンスなどです。パート・アルバイトを活用しながら事業を行う、150人のスタッフを抱える年商10億円規模の会社でした。

Aさんの役割は、お客様ニーズに応えることです。Aさんの個性である目的追求型は、合理性を重視するため、効率的にトラブル解決を図ろうとします。そのため、会社からの信頼も厚くなる傾向がありますが、残念ながらサービス部門には向いていません。案の定、目的追求型のAさんはお客様に対して「トラブルさえ解決すれば問題ないだろう」という態度で接したため、どんどん評判を落としてしまったのです。

例えば、漏水のトラブルが起こった際には、周辺の全部品を新品に変える提案をしました。もちろん、Aさんとしては、二度と漏水が起きないように万全の体制を考えたのです。しかし、お客様にとっては、見積金額が高く、過剰サービスと受け取られる場合がありました。一番の問題は、新品に変える理由をきちんと説明しなかったことです。やがて、お客様との間にコミュニケーションのズレが生じていきました。説明しないのに、Aさんは「このくらいは必要です」と強引に契約を進めました。

Aさんを信頼していた社長の耳にも、取引先からAさんに対する不満を聞くようになりました。年商10億円から年商15億円に伸ばすことを目標にしていましたが、成長がストップ。社長が頭を抱えていた時に、もともと知り合いだった私に相談があったのです。

早速、私はＰＩ分析を行いました。ヒトタイプ・ＰＭ型（配慮）とカネタイプ・ＰＭ型（夢想）の2人の部長をAさんのサポートにつける3人体制の人財配置を提案しました。説明と根回しが得意な2人の部長が、Aさんの苦手なお客様のきめ細かなフォローをすることを期待したのです。

その結果、伸び悩んでいた年商が2年間で1・5倍になり、目標の年商15億円を達成しました。おそらく、あのままAさんだけの体制だったら、売上は下がり、年商10億円を割っていたでしょう。

このように、サービス部門に目的追求型を配置するときには注意が必要です。もし、どうしても配置せざるを得ない場合には、今回のケースのように弱点を補うチームを組むことでリスクを回避できます。全体のバランスを考慮した人財配置は、大きな成果につながるのです。

「権威タイプ」は「人事・総務部」の人間関係を壊す

会社の核となる部署である人事・総務部に、権威を大切にするモノタイプの人財を配置することは避けるべきです。このモノタイプは、気に入った人だけを特別扱いし、公平性を欠く判断をする傾向があります。権威を大切にするモノタイプは、役員や上司の前ではいい顔をするため、法令順守や正確性が必要な部署には向いていないのです。

ある機械メーカーの人事・総務部長をしていたモノタイプの55歳男性のAさんの話です。Aさんは、もともと法人営業部で仕事をしており、対外的に大手企業の社長たちと接してきました。そのため、上から目線の傾向があり、従業員目線が必要な人事・総務部ではトラブルが起きてしまったのです。

具体的には、偏った人事評価が問題になりました。Aさんは、基本的には各部署の管理職に人事評価をまかせつつも、最後に出てきて管理職がつけた評価にダメ出しをしました。やり直しを命じたため、管理職からの人事・総務部に対する不平不満が大きくなったのです。その後、従業員のモチベーションも低下し、離職率も高くなりました。

やがて、管理職の半分が退社し、スタッフの30％が会社を去るという非常事態に発展しました。そして、競合他社に引き抜かれて転職する社員が続出したのです。競合他社にノウハウが流出し、社内の雰囲気は悪くなりました。

すぐにＰＩ分析を行い、人事・総務部のＡさんの個性に主な原因があると社長に伝えました。社長は、すぐにＡさんを人事・総務部から物流管理部に異動。代わりに、新しい人事・総務部の部長に個性の合ったベテラン社員を配置しました。

その人財配置が功を奏し、会社は順調に成長したのです。今では、もともと60人だった社員が１００人を超えています。

やはり、権威に弱く、自分自身も大きく見せる権威タイプの人財を、公平性が必要な部署に配置すると、ろくな結果になりません。人財配置のミスは、大きな代償を払うことにつながるので、慎重に行う必要があるのです。

「リスクタイプ」は「営業部」の士気を下げる

リスクタイプのＰＤ型の人財を営業部に配置すると、組織が育たなくなるリスクが生じます。なぜなら、リスクを考えるあまり、営業する前に行動しなくなるからです。教育事業を行うある会社は、通信教育で大きく成長し、企業研修事業も行っていました。

リスクタイプのＰＤ型で優秀な40代女性のＡさんは、セミナー講師として成果を出したため、アカデミー事業部長に昇格しました。理論派のＡさんは、古いセミナーを改革したり、リモート研修を構築したりと次々と活躍していきました。

しかし、ＡさんのようなリスクタイプのＰＤ型の特徴は、経費主導でデメリットを先に考えるタイプです。一番の問題は、若い人たちが育たなくなったことでした。例えば、Ａさんが若い部下を講師として担当させたセミナーに同席して、その若い講師に厳しく改善点を指摘したため、委縮してしまったのです。

さらに、のんびりするリスクタイプのＰＤ型は、仕事に取り掛かるのが遅い傾向があります。企業研修の契約が決まらなかったときも、Ａさんは「向こうが選ばなかったのは縁がなかっただけ」という感じで、まったく気にしませんでした。そのようなことが続いたため、トップのＡさんの雰囲気が部署全体に伝わり、アカデミー事業部が不活性化したのです。

このように、営業部のような攻めることが必要な部署に、リスクタイプのＰＤ型を配置すると、組織にブレーキをかける事態に陥ることもあります。この点は、注意が必要ですので、覚えておいてください。

ただ、その後のＡさんは、有名企業の研修などの超大型案件を決めていきました。会社からの信頼も厚く、現在はセミナー講師たちの育成やマネジメントで活躍されています。個性を考慮しながらも、本人の能力が発揮される人財配置が大切だと考えています。

第8章

世の中に幸せな成長企業を増やしたい！

人事配置が企業の「社会貢献度」を決める

（自分を活かすことが「人に貢献する」「世の中に貢献する」生き方になる）

私は30年以上、ＰＩ分析による人財配置に関わり、２０００社以上のクライアント企業の変化を見てきて、一つの結論に達しました。それは「従業員ひとり一人の個性を活かすことが、社会貢献につながる」ということです。

なぜなら、個性を活かした人財配置をすることで、一つの好循環サイクルが生まれるからです。社員が本来の能力を発揮できるようになると、社員のモチベーションがアップし、商品やサービスの質が向上します。その結果、顧客満足度が高くなり、リピート購入につながるため、売上と業績が上がります。そのため、従業員ひとり一人がやりがいや責任をもって働く環境を整えることこそ経営戦略の必須事項だと考えています。

個性を活かした人財配置をするときには、ＰＩ分析が最適です。なかなか言語化しにくい個性を科学的にアプローチできるからです。

ＰＩ分析には３つのメリットがあります。

まず１つ目は、自分の個性を知ることが出来ることです。２つ目は、仕事で必要とされる強みがわかることです。３つ目は、強みが発揮できる役職（仕事における役割）がわかることです。

そして、人財を適切な部署に配置すると、社員は個性や能力を発揮できるようになります。なぜなら、自分の与えられた仕事にやりがいと誇りを持てるようになるからです。また、将来のビジョンが持てるようになり、自分の頭で考えて行動できるようになります。部下は上司に適切に評価されることで組織に貢献しているという自覚が生まれます。自分が働いている会社が、社会に貢献する企業だと誇りを持てるのです。

「個人が働きやすくなる」「お客様が満足する」「企業の業績が上がる」という三方よしの循環で、持続可能な企業へと成長します。

実際に私は、ＰＩ分析による配置転換により、このような理想的な企業へ変化を遂げる事例をいくつも見てきました。自分の個性を活かして働くと、周りに幸せを分け与える社会貢献的の生き方になります。そして、社内全体がやる気を失っていた企業が、ひとり一人がやりがいを持った元気な組織に生まれ変わるのです。

社会に「社員が幸せになる会社」を増やしたい

2020年4月、大企業に働き方改革が施行されました。時間外労働の上限や有給休暇の取得が義務化されて、政府から従業員の労働時間の減少が要求されたのです。しかし、私は本当の働き方改革は、社員が幸せになる会社を創ることだと考えています。

なぜなら、優秀な社員に業務が集中し、育児や介護との両立が難しく離職するケースも発生しているからです。確かに、会社は持続的に成果を上げる必要があります。しかし、社員が疲弊していては、問題解決や高い価値提供をするといったクリエイティブな事業が成り立つでしょうか。答えはもちろんNOでしょう。

やはり、持続的に成果を上げるためには、社員が生き生きと働ける環境が必要です。当然そのような組織には「働かないおじさん」がいるはずもありません。互いに支え合い、認め合い、精神的な安心感の中でこそひとり一人が最高のパフォーマンスを実現できます。そのためには、意識的に従業員同士のつながりを創り出し、維持したりする努力や工夫が企業に求められるのです。

具体的には、社員ひとり一人が個々の違いを認め、それぞれの環境を理解し、個性や価値観を尊重することが大事になってきます。さらに、それを活かし合いながら共に働く「共働」が人財の定着には欠かせません。

まさに、それを具現化している企業が、ＩＫＥＡジャパンです。ＩＫＥＡには、社員の平等性、多様性を受け入れる社風が根付いています。社員同士の違いを受け入れること、多様性を尊重することで多くのアイデアが生まれる、顧客満足度につながると考えています。

その最たるものが、家具の組み立ての説明書です。通常の企業の説明書は、海外進出した場合、各国の母国語で書かれています。ところが、ＩＫＥＡは家具の組み立て方法を説明するのに文字を使わず、図や絵だけで表現しているのです。これにより、各言語に翻訳する手間やコストの削減を可能にし、多様な人々が理解できるようになります。このような斬新な発想が生まれ、お客様の前に優れた商品が並ぶのは、社員が疲弊していては起こり得ないでしょう。

自分の個性を知ることで、自分の強みが自然とわかります。他人も同じように強みや個性があることを知ると、お互いに認め合って尊重するようになります。そして、仕事にやりがいが見つかり、幸せに働くことができるのです。私はこのような会社を増やしていきたいと思っています。

「ダイヤの原石」は、社内に転がっている

企業でイノベーションを起こすことを考えたとき、新商品の開発や経験豊富な人財のヘッドハンティングなど、新しいものや外部に求める企業が少なくありません。しかし、実はそのような必要はありません。なぜなら、最適な解決策は、社内にあるからです。具体的には、個性を活かした人財配置を行うことでほとんどの問題は解決します。今いる人財役割、職種、部署内の上司部下という組み合わせを、変えればいいだけなのです。

社内人財の組み合わせを変えたことで、好転した企業の事例を紹介しましょう。以前登場した、インテリアデザインの会社の事例です。兄弟である社長と専務は、2人とも営業が得意ではなく、売上を上げることに苦戦していました。

そこで、結果重視のカネ（金）タイプの40代の男性社員Aさんを営業部長に抜擢しました。Ａさんは、もともと施工管理の仕事の現場畑で、業者とのやり取りが主な業務でした。しかし、ＰＩ分析によって適性を分析したところ、営業に向く素質をたくさん持っており、施工管理に置いておいてはもったいない人財だということが判明。思い切って、今までとは畑違いの営業部長へと大胆な配置換えを行ったのです。

Ａさんは、始めは社長や専務に同行しながら、徐々に営業の仕方を覚えていきました。慣れてきたＡさんは、自ら考えて戦略的に営業を行うようになり、ある日、社内でもあっと驚く大型案件を獲得したのです。

それは、超大手企業の店舗デザイン工事の受注でした。始めは一部の店舗だけでしたが、次第にエリアごとの依頼をもらえるようになったのです。Ａさんは、この超大手企業に留まらず、同じ業界の超大手企業２社からの依頼も受注できました。会社の主な収入の柱になり、もともと２億円だった売上が３年で10倍の年商20億円になったのです。それに伴い、社員数は３倍になりました。

このＡさんは、人財配置によって、施工管理の現場経験も活かしながら、営業で大きな成果を残しました。社長や専務に同行して営業の研修ができたこともＡさんにとっては大きかったと思います。ただ、「適正に合っている人財だから」と、新しい部署にポーンと放り投げるだけではいけません。いくら適性に合っていても、未経験の仕事ですぐに業績を上げることは難しいからです。人財配置で成功するためには、やはり個性を活かした効果的な人財育成は必要です。

条件が揃えば、社内人財の適切な人財配置だけで、会社を新しく生まれ変わらせることができるのです。これは、企業にとって最も効果があり、持続可能でコストパフォーマンスの高いベストな方法だと考えています。

「役に立てる承認欲求」で365日満たされる毎日を

(個性を活かした働き方はウェルビーイングにつながる)

個人の特性を活かした人財配置を行うことで、一般の社員でも役に立っていると実感を持ち、幸せに働くことができます。

これまで、会社で自分の存在価値を高める最良の方法は、組織に長く存在し続ける、周りの社員と同じように行動する、周りに意見を合わせる、スキルをつけることなどでした。高度経済成長期は、そういったことで周りに認められ、時間の経過と共に一定の昇給や役職を得ることができました。しかし、ＰＩ分析の視点からすると、それは、没個性の姿そのものです。逆に、幸せの勘違いを生み出すというデメリットがあります。

究極の自己実現を可能にするＰＩ分析では、個性を認め合うことで、精神的なつながりや絆が生まれます。自分が役に立っているという実感を得ながら、働くことを喜びに変えることが幸せの形だと考えています。ＰＩ分析を活用すれば、会社は「働きたいおじさん」ばかりになると言っても過言ではありません。

例えば、自分と他者がどのように違うのかがわかります。両者が存在して初めて物事が成り立つと理解できると、他者との関係性を重んじるようになります。例えば、「営業の案件を取るには、○○さんが必要だ、部署のムードメーカーには▲▲さんが必要だ、でもこの部分は私の出番だ」と理解することができます。それが、精神的な絆になり、自分の役割を理解できるため、行動できるのです。

そして、周りや会社の役に立っているという実感を得ることができます。個性を理解するだけで、多様性のあるチームで乗り越えることができます。そして、フレキシブルな経営が可能になり、トラブルが起きても周りのアイデアを活用して、早期解決ができるのです。変化が多く先が読みづらい時代でも、サバイバルできる自信が得られます。

個性を活かした人財配置が、プライベートにも良い循環を生み出した事例をご紹介します。

都内の某着物ギャラリーの女性社長は、週末にボランティアで地域の方へ向けてカルチャー教室を開いていました。そこでは、着付け教室や、タンスに長年しまわれた着物をリサイクルしてバッグや部屋着に作り替える方法を教えています。

あるとき、休日にも関わらず、社員がそこに自発的に参加しました。そして、ボランティアで教えることに楽しみを見出して毎週参加するようになりました。教室を通して、お客様や従業員と会社だけではない新しい繋がりが生まれたからです。地域の人の役に立ち、喜ばれているのを実感して、仕事だけでなく、人生の喜びに変わっていきました。まさに、社員にとってはウェルビーイングが生まれ、仕事にもさらに誇りが持てるようになったのです。

「社会から必要とされる会社」は企業ブランドが向上する

（人財配置が「社会から必要とされる会社」を作る）

ＰＩ分析の根底に流れている考え方は、人を大事にするということです。私は、ひとり一人の個性を活かして楽しみながら成果を生み出すことを目標にしています。

しかし残念ながら、本気で社員が好きで得意な仕事をする会社を作ろうとする経営者はまだまだ多くありません。

私は、会社の利益は人が生み出すという事実を忘れてはいけないと考えています。そのため、どのように人をマネジメントするかは、会社にとって中核にある課題です。上手にマネジメントすると、経営者だけでなく従業員の目標も明確になるからです。私は、多くのクライアントで、目標達成のために働きがいを感じながら従業員が働く会社を見てきました。

このように、精神的な絆で結ばれている職場は、お互いのコミュニケーションが盛んになります。そして、一番のメリットは、会社の大きなトラブルの兆候を管理職がいち早く発見できることです。つまり、「トラブルの報告をしたら怒られるからやめておこう」と考える従業員がいなくなり、大きなトラブルを未然に防げるのです。

また、ヒトタイプのお客様には、ヒトタイプの社員で対応するといった事ができます。「あのお客様には、●●さんにお願いしよう」という役割分担が可能になります。そして、自分たちの個性がわかると、お客様の個性もわかるようになるのです。さらに、お客様を深く知ると、潜在ニーズが見えてくるため、ニーズに応えることも出来るようになります。その結果、自然と商品とサービスの付加価値が高くなります。社会から必要とされる会社に成長し、企業ブランドが形成されるのです。

例えば、ＳＣＳＫの元社長である中井戸信英氏の働き方改革の取り組みはとても素晴らしいモデルケースです。当時のＳＣＳＫでは、エンジニアの残業が多く、長時間労働を早急に改善する必要がありました。そこで、中井戸社長は社員の健康を守るために、本気で残業を減らすことを考えて実行しました。もちろん、残業時間を減らすことで、会社の売上低下は覚悟の上です。

中井戸社長は、そもそも残業ありきのビジネスモデル自体が間違っていると考えました。具体的には、「残業を減らした社員には残業代を支払う」という斬新な取り組みで、残業の半減を達成。その結果、社員は生き生きと働くようになり、会社も増収増益を実現したのです。

このように、トップが生き生きと働ける環境を作ることで、世の中から必要とされる会社に生まれ変わることが可能なのです。

「最高の人財」を集める努力を怠らない経営者

（一流の経営者ほど「最高の人財」を集める努力を怠らない）

私が出会った一流の経営者は、常に最高の人財を集めることを意識していました。経営と人事は両輪と考えて、経営目標を達成する人事を実行する企業ほど業績を伸ばしています。

ここでは、ＩＴ企業を創業した若き経営者Ａさんのエピソードを紹介したいと思います。Ａさんは元々ＩＴ企業のネットワークディレクターとして働いていましたが、35歳のときに自分の会社を創業しました。Ａさんは、前職のＩＴ企業のサラリーマン時代に海外勤務経験がありました。その時に、海外で個性を認め合いながら業績を伸ばす企業をたくさん見ていたため、個性を活かすＰＩ分析の考え方に共感してくれたのです。

創業前から前職のメンバーにも会社のビジョンを語っていたため、Ａさんの考え方に共感した優秀な人財が集まってきました。やり手のＡさんは、1年目から多くのクライアントを獲得し、目標は１００億円企業。実際、1年目で年商11億円という大きな業績を達成したのです。

Ａさんはいつも「最高の人財を集める」と語っていました。常に新しい人と会い、目標達成に向けて前向きであり、経営者と同じ目線で行動できる人財を探していました。ＡさんはＰＩ分析を駆使しながら、得意分野を持っている人財をどんどんスカウトしたのです。

例えば、開発できる人、広めるのが得意な人、技術が優れている人など、次々と自社の仲間にしていきました。そして、集めた人財が働きやすい環境、つまり労務やコンプライアンス面などをスピーディーに整えることも怠りませんでした。

いつも、Ａさんの戦略的人事は、経営戦略に直結しています。この時も、常に最適な人財配置を心がけており、必要な部署はすぐに作りました。ＰＩ分析を知る前のＡさんは、自分の価値観で人財を集めていました。ＰＩ分析を知った後は、「ヒト・カネ・モノの３タイプでもこんなにも個性が違うんですね。一生の財産を手に入れました」と私によく言っていました。Ａさんは、ＰＩ分析を知ることで物事の本質を見抜く「客観性」を手に入れることが出来たのです。

「人として成長する機会」を多く提供する

成長する企業の共通点は、「気づきの文化」があることです。そして、ＰＩ分析を活用して部下の役割に気づく上司が多い会社は大きくなる可能性があります。

部下の役割を把握している上司に対しては、部下も仕事やプライベートに関わらず、あらゆることを相談するようになります。部下は人生の夢も語るため、やがて自ら仕事の目標も立てるようになるのです。そして、全ての優先順位を自分で決められるようになり、意思決定のスピードが上がるハイパフォーマンス組織へと生まれ変わります。

上司が部下の個性を知るということは、別の言い方をすると、部下の悪い癖も知るということです。例えば、時間にルーズで遅刻しがちな個性を持つ部下に対しては、早く寝るようなタイムマネジメントの指導が出来ます。個性に合わせた日常の小さな声かけで、部下の行動習慣が変わります。そして、小さな成功体験を積み重ねると、徐々に自信がついてくるのです。

自信がつくと、仕事でもプライベートでも良い結果が出るようになります。そして、上司に感謝と恩を感じ、職場の人間関係が良くなります。その結果、働きがいのある会社だと評判が立ち、優秀な人財が集まる好循環サイクルが生まれます。会社の業績が上がり、社会から必要とされる会社に成長するため、長く存続する企業になるのです。

私は、従業員が成長する機会を与えない会社は、企業としても成長しないと考えています。それどころか、最終的には市場から姿を消すことになると考えています。総務省のデータによると、10年間続く株式会社は全体の4％であり、20年続く会社はわずか0・4％です。このデータからも、倒産を防ぐには人財教育が大切なことがわかります。

例えば、ユニクロを展開するファーストリテイリング社もスタッフ教育に力をいれたからこそ、大企業へと成長したと考えています。ロフトも、従業員の多様性を尊重しているため、新しいアイデアや付加価値が生まれてブランド力が高くなり、成長しました。

また、東急ハンズも売り場担当に仕入れまで任せるという、当時では画期的な取り組みをしていました。売り場担当が自ら選んだ商品であるため、責任を持ってお客様に説明できるのです。やりがいを提供したからこそ、大きく成長した企業の事例と言えるでしょう。

このように、従業員に成長する機会を与えると、企業自身も大きく成長します。私は、ＰＩ分析を活用することで、微力ながら日本にこのような企業を増やすサポートをしていきたいと考えています。

「気づくこと」「学ぶこと」そして行動して成果に繋げること

（ＰＩ分析で日本に勇気と希望を与えたい）

多くの会社で「働かないおじさん」が増えてしまう主な原因は、従業員の個性に合わせた評価をしていないことです。それぞれの個性を把握し、きちんと行動を評価することができれば、会社にはモチベーションの高い社員しかいなくなります。

そして、ＰＩ分析を行う大きなメリットは、社内に「自ら気づく文化」が生まれることです。個性を知ったうえで行動するため、お互いの強みと弱みがわかります。そして、どこの才能を伸ばせばよいかが明確になり、気づきが深まります。

会社にお互いが個性を認め合う文化が生まれると、働いているメンバーの心理的ストレスが減ります。私は、江戸時代の寺子屋文化が大きな成果を出した理由は、子どもの個性に合わせた教育を行った指導者がいたことだと考えています。

また、会社としていくら素晴らしい研修を用意しても、成果の上がる会社と成果の上がらない会社に分かれます。これは、「個性に合わせる」というPI分析の基本概念が抜けてしまっていることが原因です。トップのメッセージが従業員にしっかり伝わるには、個性に合わせた伝え方をする必要があるでしょう。

多くの日本企業で起こっている課題は、企業のトップと従業員との間にある意識のギャップです。この溝を埋める重要な役割を担っているのが人事部と言えるでしょう。人事部は、現場と経営陣の温度差をなくすために、トップの想いや考え方を現場に伝えています。

残念ながら、多くの会社では従業員の働きがいを理解していません。さらに大きな問題は、従業員が個性に気づいても会社がきちんと評価しないことです。せっかく従業員が自分の才能に気づいて行動したとしても、会社の正当な評価が得られなければ、モチベーションは続かないでしょう。実は、手の施しようがないと言われている大企業病も、個性に合わせた人財配置や人事評価で対処できるのです。

PI分析を活用し、従業員の個性を丁寧に見ていくことで、気づきや学びが得られるようになります。そして、自分の個性に合った行動と成果を評価する仕組みが毎日のモチベーションを維持し、会社の大きな業績へとつながるのです。人財配置は無限の可能性を秘めていると言えるでしょう。

あとがき

本書では、多くの日本企業に存在する「働かないおじさん」を活かすための方法をお伝えしてきました。そして、ひとり一人の個性から適材適所を実現できるＰＩ分析についても説明しました。そして、ＰＩ分析で個性を活かせる役職についた人財が大きな成果を出した事例や、逆に、個性に合わない役職が原因で「働かないおじさん」に変貌してしまったり、大きなトラブルに発展する事例も数多く紹介させて頂きました。

本書を通して私が伝えたいことは、従業員ひとり一人の得意で好きな仕事ができる人財配置が重要だということです。むしろ、「働かないおじさん」は、組織の評価制度の「リトマス紙」のような存在だと考えています。彼らが身を持って、「組織の評価制度に何らかの問題がある」という事実を教えてくれているのです。

その環境さえ会社が用意できたら、働く人も会社も世の中も三方よしになります。

２０００社以上のクライアント企業を見てきて思うことは、人は辛い経験をして初めて自分の個性に気づけるということです。つまり、痛みを伴わないと最適な人財配置を実現できない企業が多いのです。私は、これは本当に無駄であり、大きな遠回りをしていると感じています。ＰＩ分析を30年以上活用してきた結論は、**痛みを伴わなくても初めから最適な人財配置は可能**だということです。

そして、私は社内人財の配置替えだけで、多くの経営課題は解決できると考えています。新たに大規模な設備を導入したり、優秀な人財を高額で頼まなくても、すでに会社には「宝の人財」に溢れているのです。もちろん、ＰＩ分析の結果、外部人財のヘッドハンティングが必要な時もありますが、基本的には適材適所の人財配置だけで大きく業績を伸ばすことは可能です。

私は、会社や経営者が優秀な人財を活用できないことは、宝の持ち腐れだと感じています。そもそも、自分の強みを活かせる部署に配属されなければ、従業員が自己表現できないのは当然でしょう。実は「働かないおじさん」には罪はないのです。そして、多くの企業で〝適材適所〟という言葉の定義が異なっていると感じます。本当の意味での適材適所は、仕事だけの話ではなく、プライベートでも一番大切なことだと思っています。

最後に伝えたいことは、日本が少子化で人口が減っても、企業の業績は上げられるということです。本書で紹介したように、人財配置だけで売上10倍を達成することは可能なのです。そのため、仮に日本の人口が半分になっても日本経済を成長させることはできると考えています。
私の夢は、真の適材適所を実現して、日本企業や日本人に勇気と希望を与えることです。本書を読んで共感して頂いた方々と協力しながら、日本を元気にする一助になれたら幸いです。

本書を最後までお読み頂き、本当にありがとうございました。本書をきっかけに、適材適所を実現できる企業が増え、好きで得意なことで、働きながら生き生きとした人生を送る人が増えたら、著者としてこれほど嬉しいことはありません。

豊嶋　智明

購入者スペシャル特典

理想的な適材適所・人事配置を実現させたい方のために

本書をご購入頂き、誠にありがとうございました。
書籍購入の方限定で２つの特別な特典をご用意いたしました。

特典01 未公開原稿 PDF ダウンロード

ページの都合上掲載することが出来なかった未公開原稿をプレゼント！

特典02 著者・豊嶋智明のオンラインセミナーに無料ご招待

著書の解説や質疑応答など、行動特性学の理解が深まります。
※人数制限あり

特典は QR コードもしくは
URL にアクセスしてお受け取りください

https://wo-on.co.jp/tokuten/

※本特典は WEB 上で公開するモノであり、小冊子・DVD などをお送りするものではありません。
※特典プレゼントは予告なく終了となる場合がございます。あらかじめご了承ください。
※図書館等の貸出では特典プレゼントは出来ません。
※本特典の提供は、株式会社 World One が実施します。
販売書店、取扱図書館、出版社とは関係ございません。
お問い合わせは https://wo-on.co.jp/tokuten/ からお願いいたします。

豊嶋智明（としま・ちあき）
1954年東京生まれ。株式会社World One取締役 能力開発事業部。
人財活性のコンサルティングと研修、企業における能力開発サポートを行い、35年超のコンサル業で企業2000社以上、延べ10万人を超える実績を持つ。組織の人間関係を円滑に図る方法や、適材適所の人事構築などに定評がある。経営者から従業員に至るまで、その人の個性を活かして成果を生み出すための、具体的な戦略・戦術を伝えている。

URL：https://www.wo-on.co.jp

「働《はたら》かないおじさん」を活《い》かす適材適所《てきざいてきしょ》の法則《ほうそく》

2023年3月22日　初版発行

著者　豊嶋智明
発行者　和田智明
発行所　株式会社 ぱる出版

〒160-0011　東京都新宿区若葉1-9-16
03(3353)2835－代表　03(3353)2826－FAX
03(3353)3679－編集
振替　東京　00100-3-131586
印刷・製本　中央精版印刷(株)

ISBN978-4-8272-1371-3　C0034